KB260134

총서를 펴내며

이 총서는 무엇보다도 우리의 현실세계에서 논의되는 큰 문제들에 관심을 갖는 일반 독자들을 위해 출간되었다. 그런 만큼 이 총서는 저자들의 면모나 소재면에서 프랑스 사회만의 문제가 아니라 유럽과 전세계의 문제들을 대상으로 하고 있으며, 시앙스포 출판부 나름대로의 방식으로 대중의 대논쟁에 참여하고자 기획·집필된 책들이다.

따라서 이 총서의 목표는 지식인들이나 대학교수 및 연구자들에게 정치, 경제, 사회 전반에 걸친 본질적인 문제들에 대해 생생한 관점을 제공하는 데 있다. 물론 여기에서 관점이란 저자들이 충분한 숙고와 연구 끝에 얻어낸 것이다.

시앙스포 출판부는 여론을 선도하는 전문인들의 영역으로만 논쟁을 한정짓지 않으려고 노력함으로써, 까다로운 사회과학도 스스로의 한계에서 벗어나 사회적 효용을 가질 수 있음을 보여주고자 한다. 사회과학다운 엄정성을 지키면서도 무거움을 버리고, 여론 마케팅의 함정에 빠지지 않고도 시대의 문제에 관심 있는 시민들이 접근할 수 있는 내용을 갖춘다면, 사회과학도 명확하고 간결하게 시대를 증언할 수 있고, 나아가 상투성을 극복하고 편의성의 허상을 폭로할 수 있는 것이다.

비평적 도구와 기술적 예시의 무거움을 덜어내고 지루하지 않도록 짜여진 각 권의 내용은, 학술적인 종합이 아니라 지식인 공동체가 언제라도 활용할 수 있는, 명쾌하고 직접적인 표현으로 되어 있다.

백과사전적인 지식의 나열을 지양하고 현실에서 제기되는 쟁점을 집중적으로 탐구하는 이 총서는 불필요한 군더더기 없이, 지나친 단순함이나 지나친 난삽함을 벗어나 진정한 의미의 대중적 논의 마당을 열어보이고자 한다. 그리하여 이 총서는 진정한 참여의 문화를 건설하고자 부단히 노력한다.

▪ 편집기획위원

베르트랑 바디, 장-바티스트 부아예, 장-뤼크 도므나크,
마리-프랑수아즈 뒤랑, 세르주 위르티그, 알랭 랑슬로,
자크 르카쉐, 티에리 르테르-로베르, 미레이으 페르슈,
도미니크 레니에, 르노 생솔리외, 크리스토프 드 보그드

시앙스포 출판부

한울-시앙스포 총서 9

인터넷 도시

•

폴 마티아스 지음
신은영·박영환 옮김

한국어판 감수의 글

민주사회가 민주시민을 만드는가, 민주시민이 민주사회를 만드는가? 분명한 것은, 민주주의란 단순히 고정된 사회제도가 아니며, 안정과 발전을 위해 시민들의 각성과 참여를 요구한다는 사실이다. 각성된 시민들의 지속적인 정치참여만이 민주사회의 기초를 튼튼히 다지고, 안팎의 변화에 맞춰 개별 사회에 알맞은 민주질서를 형성해간다. 민주화의 첫단계를 지나 좀더 발전된 민주사회를 이룩하려는 우리 사회에서 시민들의 각성과 참여를 가능케 하는 시민사회 차원의 노력은 무엇보다도 중요하다. 한울-시앙스포 총서는 이러한 노력의 하나로 기획되었다.

'세계화'로 불리는 20세기 말의 세계질서 재편과정에서 지구상의 모든 국가, 공동체, 개인은 서로 연결되어 있으며 지구촌 전체의 변화로부터도 자유롭지 못하다. 따라서 자신의 사회질서를 발전시키려는 지구촌의 모든 구성원들은 급변하는 세계질서에 따라 자기 자신의 생활공간과 사회제도를 새롭게 구축해야 한다. 현실세계에 대한 올바른 이해와 깨어 있는 의식에 바탕을 둔 지구촌 구성원들 각자의 노력이 모아져서 개별 사회질서와 세계 전체의 질서는 사람이 살 만하게 바뀔 수 있다. 이 총서의 주제들은 세계를 이해하고 변화시켜 나가려는 지구촌 구성원들이 꼭 알아야 할 현실문제들이다.

이 총서는 대중의 관심을 끌고 있지만 잘 정리되어 있지 않은 사회과학의 여러 분야에 걸친 문제들을 대중성과 전문성의 적절한 균형 속에서 다루고 있다. 미국 중심의 세계질서 재편이 이루어지고 있는 현실에서, 그리고 미국의 영향을 직접 받고 있는 우리 사회에서 프랑스 지식인들이 민주주의와 세계질서 재편을 포함한 현대세계와 관련된 주요한 쟁점들에 대해 보여주는 이해와 비판은 우리 자신의 문제를 좀더 폭넓은 관점에서 바라볼 수 있게 해준다. 그러나 정치, 경제, 문화 각 분야에서 나타나는 우리 사회와 프랑스 사회의 차이는 주제에 따라 엄청난 시각차를 일으킨다. 따라서 이 총서는 독자들의 이해를 돕고 우리 나름대로의 관점을 찾기 위해 각 권마다 해설을 덧붙였다.

다양한 현실문제들을 다루고 있는 한울-시앙스포 총서가 우리 사회에서 건전한 시민문화를 형성하고, 나아가 세계화 시대를 함께 살아가는 인류공동체의 진보에 기여할 수 있게 되기를 바란다.

박순성(동국대 교수, 경제학)

LA CITÉ INTERNET

Paul Mathias

Presses de Sciences Po

Paris, 1997

LA CITÉ INTERNET

by Paul Mathias

이 책은 프랑스 문화부의 지원을 받아 출판되었음.
Ouvrage publié avec l'aide du Ministère français chargé de la Culture

인터넷 도시

어느 맑게 갠 봄날에, 메트소보의 골목길 사이로 대단히 고통스럽게 울부짖는 소리가 들렸다. 가까이 다가간 마을 사람들은 한 노파가 작은 광장에서 무릎을 꿇고 앉아 있는 것을 볼 수 있었는데, 그 노파는 격노해서 자기 옷을 찢고 절망으로 자기 얼굴을 할퀴고 있었다. 근엄하고 사려 깊은 사람인 메트소보의 신부가 몇 걸음 다가가서는 동정어린 태도로 부드럽게 노파를 천천히 일으켜 세우며 이렇게 말했다.

"키리에 엘레이손('주여 긍휼히 여기소서'라는 뜻의 미사통상문 — 옮긴이), 쟌느 부인, 도대체 무슨 일입니까? 무슨 일이 있었던 거지요?"

"아! 신부님! 제 아들 쟈노가 죽었습니다! 조금 전에…… 도끼에 맞아 죽었다니까요! 제 사랑스런 쟈노가 죽었어요……."

"하지만 쟌느 부인, 당신에겐 아들이 없지 않습니까?" 신부가 다시 말했다. "그게 무슨 말씀이지요?"

"저도 압니다, 신부님, 저도 알아요. 하지만 제가 결혼을 했고 주님께서 제게 아들을 하나 주셨다고 생각해보십시오. 그 애가 자라 저기 있는 콩스탕탱이나 또 저기 있는 페트로처럼 건장한 사내가 되었다고 생각해보세요. 그리고 오늘 아침 제가 그 아이에게 불을 피울 나무를 좀 해오라고 시켰다고 생각해보시란 말입니다. 아! 신부님…… 그 아이가 힘차게 도끼를 치켜들었는데 도끼날이 빠져 그 아이 머리 위에 떨어지면서 그 아이를 죽여버렸고 그것이 마지막이었다고 말입니다. 저기! 제 눈 앞에서…… 오늘 아침에…… 아! 신부님! 제 아들…… 쟈노…… 제 사랑하는 쟈노가 죽었습니다.

T. L.-R.에게 깊이 감사한다. 그가 끊임없이 격려해 주고 잘못을 그냥 지나치지 않고 지적해 주어 마침내 이 같은 결실을 맺게 된 것이다.

▪ 일러두기

책 본문에서 * 기호는 '부록의 네트워크 찾아보기'를 가리키는데, 이
부록에는 이 책을 만들면서 참조했던 '온라인상'의 참고자료들의 출처
가 수록되어 있다.

서론

상호교류의 세계화, 지성의 공유, 그리고 궁극적으로는 인식과 언어 행위 수단의 균일한 분배라는 인류의 꿈을 구심점으로 하여 네트워크는 차츰차츰 커 나가 거대한 국제적 공동체를 이루게 되었다. 그러나 인터넷의 탄생과 최근 그것의 '폭발적 확산'에서 우리는 두 가지를 구분할 필요가 있다.

먼저, 인터넷은 무엇보다도 기술자들의 생각에서 나온 계획이었다. 이때 기술자들이란 정확히 말하자면 전쟁 기술자들이다. 미국 군인들은 1960년대 말부터 가상적으로 파괴 불가능한 전산 시스템을 갖추고자 염원했다. 그래서 그들을 위해 알파넷(Advanced Research Project Agency Net,

'첨단 프로젝트 연구망'의 약자)의 중심을 분산시키고, 동시에 네트워크로 연결된 컴퓨터들 안에 수록된 정보들의 복제를 가능하게 함으로써, 군사 정보가 그야말로 도처에 있을 수 있게 해주어야 했으며, 핵분쟁이 확산될 경우에도 그 정보가 적합하게 사용될 수 있도록 해주어야 했다.

그러나 다른 한편으로 인터넷은 정보처리 기술자들, 좀 더 넓게 잡아 '학자들'의 작품이었다. 특히 멀티미디어적 과제를 다루는 네트워크의 일부분에 지나지 않으며 텍스트와 이미지, 음악 시퀀스[1]나 비디오 이미지(videogramme)들을 검색할 수 있는 '웹(web)'은 단순한 텍스트 데이터뿐만 아니라 그래픽 데이터까지를 전송해야 할 필요에서 생겨난 것이다. 이러한 웹의 필요성은 1990년대 초에 과학자 사회에서 표명되었던 것이다. 또한 1970년대부터 미국 대학 사회가 특히 네트워크에 관심을 갖게 된 것은 놀이에 대한 갈망의 배출구를 네트워크에서 찾았기 때문이다. 즉, 수학자들과 물리학자, 그리고 컴퓨터 관련 공학자들이 군의 '서버' 주위로 모여들어 거기서 어떤 롤 플레이(role play) 게임을 만들어냈는데, 이 게임은 무사인 주인공이 가상세계에서 어떤 역할들을 하면서 변해가는 것이었다.

---

1) 음악을 디지털화하여 나열시킨 정보들(옮긴이).

네트워크 사용자 커뮤니티가 생겨났지만 이들이 근본적으로 기술 관련된 프로젝트를 하다가 커뮤니티 통신 도구를 자기네 것으로 삼았을 때, 이는 인터넷을 완전한 놀이 공간은 아닐지라도 적어도 본질상 창조성을 지향하는 명실상부한 '공간'으로 변모시키기 위함이었다. 이때 창조성이란 실용적이고 과학적인 창조성이라기보다는 편리하고도 모호한 용어를 써서 표현하자면 '문학적'인 창조성이다. 하워드 레인골드(Howard Rheingold)에 따르면 알파넷의 처리 능력을 배가시키기로 결정된 시점은 공상과학 애호가 그룹인 '에스에프 러버즈(SF-LOVERS)'의 문학 활동이 군인들에 의해 고안된 통신 시스템을 거의 총체적으로 붕괴시키려던 때였다고 한다.[2] 그리고 바로 이런 문학적이고 엉뚱한 계획을 구심점으로 하여 전산망이 하나의 커뮤니티를 형성하게 된 것이다.

이 같은 사실은 아주 쉽게 이해할 수 있다. 전쟁 도구인 알파넷이 자리를 잡는다고 해서 정신과 정신, 개인과 개인이 서로 통신하고 접근하게끔 되지는 않는다. 컴퓨터 네트워크의 군사적 개념은 그보다는 오히려 일정한 거리를 유지해야 한다는 개념이다. 왜냐하면 언제 어느 상황에서든

---

2) 『가상 사회(*Les communautes virtuelles*)』, 6장, Addison Wesley France, 1995.

전산 데이터들의 전송을 보장할 수 있는 컴퓨터 네트워크의 존속 가능성에 전제가 되는 사실은 컴퓨터들이 서로 물리적인 거리를 두고 떨어져 있다는 것, 그리고 인간은 그 네트워크 안에서 통신하는 주체가 아니라 조작자일 뿐이며 엄격히 군사적인 조작 기능을 담당하는 도구에 불과하기 때문이다.

그 반면, 보다 순수한 인터넷 사용자 커뮤니티라는 개념에는 '함께 살기(vivre-ensemble)'의 개념, 그 대상이 무엇이건 간에 메시지와 담론, 특히 전산 처리 결과를 공유함으로써 가치들을 공유한다는 의미가 내포되어 있다. 사실 우리는 컴퓨터 네트워크 속에서 '놀' 수도 있고, 그 안에서 특별한 세계와 그 세계에 적합한 규칙들을 만들어 낼 수도 있다. 그러나 놀이 활동이 과학적 활동과 명백히 배타적인 관계에 있는 것만은 아니다. 컴퓨터 네트워크를 세계화시킨 당사자들이 아직도 어린애나 철모르는 사람들이라거나, 아니면 어린애나 철모르는 사람같이 되었다고 여긴다면 이는 말도 안될 뿐더러 아주 무례한 생각이다.

따라서 인터넷 사용자 커뮤니티는 인간의 현대성에 대한 순전히 기술적인 비전, 근본적으로는 편집증적인 비전과 욕망들을 언어로 분출시키면서 서로 통신하고자 하는 융합에의 열망, 이 두 측면의 부자연스런 결합에서 생겨난

조산아인 것이다. 이로 인한 스캔들은 엄청나다. '창시자'들은 서로 원수간인 형제들이며, 전산망의 폭발적인 대중화를 보면 이미 돌이킬 수 없는 싸움에 들어선 형제들을 보는 것 같다. 군 프로젝트는 죽었고 커뮤니티 프로젝트는 살아 남았다.

컴퓨터 네트워크는 분명 진정한 '지구촌'처럼 발달되었다. 그 사용자들 사이에는 아주 일찍부터 지리적인 거리뿐만 아니라 사회적이고 제도적인 거리까지도 뛰어넘는 친교 정신이 존재하고 있었다. 이런 측면에서는 과학 커뮤니티에 전제되어 있는 평등성을 내세울 수도 없다. 과학 커뮤티니 자체에서도 '물리적'이거나 '세속적'인 차원에서는 당연히 차별 효과를 되풀이하게 되기 때문이다. 그것은 이 과학계 내부에, 일반적인 인간 사회에 존재하는 것만큼이나 선명한 경계선을 그어 놓는다. 그러나 정확히 말하면 적어도 1990년대 초반까지는 이 같은 차이들이 컴퓨터 네트워크 속에서 그렇게 심하지 않았다.

오랫동안 인터넷 커뮤니티는 평등주의의 이상으로 고무되었으며, 이러한 이상은 그 이후로 이 같은 통신 활동의 특수성을 끈질기게 옹호하려는 이들을 여전히 고무시키고 있다. 중요한 것은 모든 사용자들이 컴퓨터 네트워크를 마주하고 그 안으로 들어가게 되면 곧바로 완전히 평등해진

다고 주장하려는 것이 아니다. 컴퓨터 통신의 사용에 있어
서는 언제나 기술적인 능력이 요구되어왔다. 이전에는 서
로 소통하는 데 컴퓨터 언어밖에 없었고 기술자들이 그래
픽 인터페이스[3]를 아직 고안해내지 못했던 만큼 더욱 까다
로운 능력이 요구되었다. 많은 사람들이 이 그래픽 인터페
이스를 '계산기'에 불과한 컴퓨터가 처음 생겨날 때부터 가
지고 있던 면이라 생각하는데 이는 잘못된 것이다. 인터넷
에 들어가는 데는 항상 어떤 '어려움'이 있어왔다. 그 중에
서 첫째로 꼽을 수 있는 것이 컴퓨터와 컴퓨터 언어를 다
루는 데 있어서의 어려움, 그리고 우리와 타인들 사이의 거
리에서 오는 낯섦이다. 이 낯섦은 그들이 '멀리 있기' 때문
에 생기는 것이 아니다. 그보다는 그들이 본질적으로 대개
어군의 각 단어 첫 글자나 첫 음절을 따서 만든 기묘한 이

---

3) 그래픽 인터페이스(GI) 또는 그래픽 사용자 인터페이스(GUI)란 사
   용자가 그래픽을 통해 컴퓨터와 정보를 교환하는 작업 환경을 말한
   다. 이제까지의 사용자 인터페이스는 키보드를 통한 명령어로 작업
   을 수행시켰고, 화면에 문자로 표시하였다. 그래픽 유저 인터페이스
   에서는 마우스 등을 이용하여 화면의 메뉴 중에서 하나를 선택하여
   작업을 지시한다. GUI는 도스(DOS)의 명령어 인터페이스와는 대조
   적이다. GUI의 요소를 살펴보면 윈도(Windows), 스크롤바, 아이콘
   이미지, 단추(button)들을 포함한다. 1980년대 후반부터 IBM PC 및
   워크테이션에서도 GUI가 보급되어 현재의 컴퓨터는 GUI를 사용하
   고 있다. 마이크로소프트사의 윈도, 리눅스 시스템의 X-Windows, 애
   플 매킨토시의 GUI가 그 예이다(옮긴이).

름의 형태로 존재하기 때문이며, 그리하여 그들이 순간적으로 급히 하는 말밖에는 포착할 수 없기 때문이다.

이러한 이유 때문에 '지구촌'이 평등하다기보다는 공동체적인 장소임이 확인되는 것이다. 이 공동체에서 공존의 규칙들은 아주 특별한 상호성의 개념에 토대를 둔 것이다. 이 상호성의 원칙은 상거래의 경우와 같은 교환의 원칙이 아니다. 그보다는 차라리 개인들이 서로에게 기여한다는 원칙일 것이다. 함께 있음, 그리고 점진적으로 컴퓨터 네트워크의 역동성에 통합되는 것, 그것은 사람들 사이의 능력의 교환을 배우는 것인데, 사람들은 다른 사람들이 그들의 능력을 자신들에게 제공하는 것을 보고 난 후에 자신들의 능력을 다른 사람들에게 제공한다. 그래서 일종의 세대 상호간의 협조에 참여하게 되는데, 이때 세대들은 자연의 리듬에 따라 몇 년 간격으로 이어지는 것이 아니라 거의 동시적으로 이어진다. 왜냐하면 우리는 끊임없이 가르치는 자와 가르침을 받는 자의 역할을 번갈아가며 맡을 수 있기 때문이다.

인터넷의 작용은 공간과 거리만이 아니라 시간과도 관련이 있다. 우리는 참여하는 활동에 따라, 그리고 자신의 능력과 실제적 목표로 인해 인터넷 안에서 차지하는 '자연적' 지위에 따라 별개의 시간성에 속하기 때문이다. 전혀 모르는 어떤 사용자들이, 내가 가지고 있는 데카르트의 『형이상학적 성찰(*Méditations métaphysiques*)』의 발췌본을 얻고자 하기 때문에, 나는 그 순간 그들 작업에 필요불가결한 도구가 된다. 또 내가 몇몇 명령어들 중에서 전자우편을 관리할 수 있게 해주는 명령어를 잘 구분하지 못할 경우, 내가 모르는 어떤 사용자가 나에게 실시간으로 전자 우편 관리에 관한 정보를 풍부하게 제공해 주기도 한다. 따라서 우리 관심이 이리저리 변함에 따라 컴퓨터 네트워크상에서의 우리 지위도 유연하게 변화된다. 이러한 지위의 유연성은 평범한 동등함이 아닌 풍요로운 상호성과 연결되는데, 이 같은 상호성은 우리가 동시에 점유하고 있는 서로 다른 시간, 즉 무지(無知)의 시간과 능력의 시간으로 이루어진다.

이로부터 생겨나는 이런 유형의 관계는 아주 쉽게 소멸되는 것인 동시에 긴밀한 것이다. 그 관계는 상호작용의 시간밖에는 지속되지 않기 때문에 쉽게 소멸되며, 그 상호작용 자체가 절박한 욕구나 욕망, 어떤 공동 프로젝트에 참여해야 할 갑작스런 필요성에 의해 이루어진 것이기 때문에 긴밀하다. 그런데 이때의 공동 프로젝트는 앞서 이야기한 바 있는 순간적 구속의 두께밖에는 지니지 못한 것이다. 확실히 정해진 이해관계와 이해 득실을 떠난 순수함, 이 양자의 결합을 위해서는 전혀 새로운 개념에 익숙해져야만 한다. 즉, 여러 가지로 함께 있어야 할 필요에 의해 모인 컴퓨터 네트워크 관계자들은 확실히 정해진 이해관계를 가지고 있었다. 다른 한편으로, 개인의 이해득실을 떠난 순수함 덕분에 인터넷은 초기에 기술적 토대를 공고히 할 수 있었고 또 사람들을 그것에 익숙해지게 함으로써 인터넷을 확장시킬 수 있었다. 인터넷에서 그래픽 정보를 지원할 수 있게 되기 전인 1970~1980년대 전반에 사용된 프로토콜,[4] 그리고 현재 인터넷 멀티미디어 데이터의 틀을 이루고 있는 HTML(Hyper-Text Markup Language)[5]조차도 분명 어떤 이해관계에서 비롯된 프로젝트였다. 그러나 그것도 개인들의 이해관계와는 전적으로 무관한 것이었다. 이렇게 인터넷이 확장되고 다양화될 수 있었던 것은 인터넷을 사용하는 개인, 특정한 사람들이나 기관들 때문이 아니었다. 그보다는 인터넷을 실행하는 사용자 집단이 확장되고 다양화되었기 때문이다.

그러므로 인터넷 커뮤니티는 무질서한 집단이 아니며, 필연적으로 질서 있는 행동과 극도의 조심성이 내포된 어떤 실행을 중심으로 조직화되어 있다. 따라서 어떤 유형의

---

4) 서로 통신을 하는 데 필요한 규약(옮긴이).
5) 텍스트, 영상, 소리 등 모든 것을 다 사용해서 이루어진 텍스트를 하이퍼 텍스트(Hyper-Text)라고 하는데, 이 텍스트를 작성하는 데 사용하는 언어를 HTML이라고 한다(옮긴이).

규제가 네트워크에 아주 이상적으로 들어맞는지를 이해하
고자 한다면 다음과 같은 사실을 잊어서는 안된다. 즉 컴퓨
터 네트워크는 무사무욕과 심오한 자유의 정신에서 탄생했
으며, 컴퓨터 네트워크 조직의 구상과 그 발달을 위해서는
서로 이해하고 보다 효과적으로 함께 일하며 그 외에는 아
무런 다른 구속도 없다는 것이다. 따라서 인터넷은 근본적,
본질적으로 자유의 공간이다. 인터넷이 모든 규칙성을 거
부하는 것은 아니지만, 통신 환경 자체에서 비롯된 것 이외
의 규제 양식과는 무관하다. 다시 말해, 인터넷은 하나의
통신 구조로서 규제적 제약의 통제를 받지만, 인터넷 고유
의 독자성, 기술적 효율성, 그리고 보다 근본적으로는 그것
의 특별한 기능 양식에 대해 외부로부터 주어지는 규범성
의 통제는 받지 않는다.

컴퓨터 네트워크 존재의 기초가 되는 '지구촌'의 이상
은 단순한 문체상의 수식이나 은유가 아니다. 만약 이 은유
가 충분히 근거 있고 문제 제기에 적합하다면 다음과 같은
식으로 이야기할 수 있다. 즉 촌락은 촌락 사람들로 이루어
지며, 촌락 사람들간의 관계는 다음과 같은 두 가지 종류의
구속에 따른다는 것이다. 먼저, 내부 규제라는 관습이 있는
데, 이것을 내부 규제라고 할 수 있는 것은 이 관습이 조상
전래의 규칙들을 자연스럽게 되풀이하기 때문이다. 이때

이 규칙은 변화하지만 그 변화는 눈에 띄지 않을 만큼 미미하다. 다음으로, 보다 특수한 외부 규제적인 구속의 기능을 수행하는 법이 있는데, 이 법은 촌락이 만일 자급자족에 입각한 사회 환경이 아니라고 할 때 그 촌락에 속해 있다고 할 수 있는 제도적 요소이다.

고전적인 '자연 사회'와 '문명 사회'의 구분, 즉 감정적으로 가까운 인간들의 사회와 감정이 법에 의해 억제되는 사회의 구분은, 분명 인터넷의 탄생과 발달에서 무엇이 작용하고 있는지를 보다 명료하게 밝혀줄 수 있을 것이다. 이 같은 구분의 주된 장점은, 이 구분이 '역사적' 현실의 차원이 아닌 개념의 차원에 놓인다는 것이다. 하나의 사회는 결코 자연적이지 않으며, 더군다나 엄격한 의미에서 볼 때 문명적이지도 않다. 왜냐하면 어떤 사회도 법률의 지배에만 그 기반을 두고 있지는 않기 때문이다. 자연 사회와 문명 사회의 구분은 단지 내재적 규제 명령과 외재적 규제 명령 간의 차이를 이해할 수 있게 해준다. 여기서 외재적 규제 명령은 자의적이고 부당하며 궁극적으로는 아마도 '전체주의적'인 것으로 받아들여질 것이다.

자연 사회는 '형제 같은' 사회, 다시 말해 동질성의 감정이나 아니면 그와 비슷한 감정에 근거한 사회이다. 여기서의 동질성은 어떤 필연성이나 그 자체로 '이론(異論)의 여지가 없는' 일종의 운명과 관련된 것이다. 자연 사회에 속한 사람들은 자신의 친구나 협력자들을 선택하지 '자기 동료들'이라 불리워지는 자들의 집단을 선택하지는 않는다. 자연은 질문이 제기되는 대상이 아니다. 자연에 질문을 한다는 것은 그것에서 떨어져나와 물러서는 것이다. 인터넷은 어떤 측면에서 '자연 사회' 같아 보이는데, 그것은 인터넷의 발달이 '자발적'이었고, 그러한 자발성이 여전히 유효하며, 또한 지금으로서는 거기서 가장 효과적인 규제 형태는 습관, 혹은 '네티켓'⁶⁾이기 때문이다. 이런 의미에서 선배들이 후배들을 지배하게 된다. 즉 선배들이 새로운 사용자 세대들을 계속해서 감독하는 것이다. 이 선배들에게 어떤 권한이 있는 것은 아니지만, 이들은 실제로 이미 깊숙이 뿌리박혀 쓰이고 있는 어떤 관습을 지니고 있다. 그런데 그 상황은 대단히 역설적이다. 왜냐하면 인터넷을 더 오래 사용한 사람만이 '선배'가 될 수 있는 것은 아니기 때문이다. 선배라고 할 수 있는 것은 앞서 이야기한 관습을 지니고

---

6) '네티켓(netiquette)'은 'nettiquette'라고도 쓰인다. 전자우편의 교환, 토론 광장의 메시지 교환에서 쓰이는 규칙들과 관련하여 전산망에서 현재 통용되는 에티켓을 이렇게 명명한 것이다. 예를 들면, 전자우편을 읽고 난 후 예의 바르게 답하는 것, 뉴스 그룹이나 '토론 광장'을 상업적 목적으로 사용하지 않는 것, 갑자기 컴퓨터를 끄지 말고 정상적인 절차에 따라 네트워크와의 접속을 끊는 것.*

있는 정신뿐인 것이다. 서로 끊임없이 응수하는 이 정신만
이 인터넷에서 우리가 마주치게 되는 시간적 혼란으로부터
벗어나 있는 것처럼 보인다.

　이런 의미에서 정치, 행정, 권력이 컴퓨터 네트워크 사
용자들에게 즉각적으로 부과하는 제약들이 겉으로는 엄격
하지 않은 것처럼 보이지만, 그 제약들은 사실 대단히 엄격
한 것이다. 왜냐하면 인터넷상에는 '전적인 표현과 행동의
자유'가 있는 것이 아니라, 사회적이고 기술적이라는 두 가
지 긴밀한 형태의 제약이 있기 때문이다. 인터넷에서는 자
유롭고 상호적인 감독이 제법 확실히 행해지고 있다. 가령
포럼이나 포럼들 안에서 그때그때 정해진 다양한 주제를
두고 이루어진 토론의 '목록'들은, 각각 고유하고 다양한
기준에 따라, 경찰 활동은 아닐지라도 어쨌든 어떤 감시 활
동을 토대로 작동하고 있다. 그런데 사람들의 관심 분야는
굉장히 다양해서 칸트, 이국 요리, 포르노그라피, 수간, 전
산학이나 전기 통신 등에 관한 그룹들이 3만여 개나 존재
한다. 그렇기 때문에 각개의 그룹, 어떤 범주의 그룹들 각
각에 부과되는 규칙의 목록을 작성하려 하는 것은 헛일일
것이다. 각각의 토론 그룹들 모두는 가족적이고 사적이며
어떤 점에서는 '원시적인' 영역에 속한 것이다. 그러므로
이 그룹 안에서는 그 규칙에 따라야 할 의무가 있다. 그 규

칙에 따르지 않을 경우, 사용자들이 거의 만장일치로 그 사람의 제명을 결정하거나 아니면 '관리자'의 권한에 속하는 기술적 규율에 의해 그 그룹에서 제명될 것이다.

관리자란 어떤 서버상에서 이루어지는 토론을 지켜보며, 한편으로는 기계들을 그리고 다른 한편으로는 그 기계에 접속하는 자들을 실질적으로 통제하는 기능을 갖는 사람이다. 이런 측면에서 기계 조작을 통제하게 되면 예절을 지키지 않는 개인들은 틀림없이 제어된다. 이리하여 거의 실현될 뻔하던 친밀함과 즐거움의 이상에 이질적인 것이 끼어들게 된다. 이 같은 현상을 통해 우리는 늘 그러하듯 사회적 통제라는 중압적인 진리로 되돌아오게 되는 것이다.

단, 이같이 인터넷 안에서 행해지는 '자발적' 통제는 금지보다는 금기 차원에 속하는 것이다. 따라서 이러한 통제의 양상은 대단히 모호하다. 금기는 '자연스러우며' 대개는 아주 친밀하게 마음으로 수락된 것이어서 엄밀히 말해 문제가 되지 않으며, 오히려 행동과 그 행동에 대한 구속들을 가볍고 견딜 만한 것으로 만든다. 또한 금기는 의문시되지 않으며 비판적 성찰을 통해 받아들여지기보다는 그저 반복되는 것이다.

'네티켓'의 규제적 효력으로 정보처리 도구가 발달하고 매우 다양해질 수 있었기 때문에, '네티켓'을 다시 문제삼는 것은 '선배' 인터넷 사용자에게는 불합리한 일이다. 여기서는 네티켓의 요구 사항들을 비난하는 식의 문제제기를 하려는 것이 아니라, 단지 어떤 다른 방식의 인터넷 규제를 생각해볼 필요가 있지 않은가 자문해보고 싶을 뿐이다. 인터넷 규제는 모두에게 공유가 자유로운 규범성의 의도와 관련될 수 있고 또 그래야만 하는데 그저 '변함없이 주어진 것'으로 간주되고 있으니 말이다.

왜냐하면 '지구촌'의 토대가 되는 것은 의식적인 자율성의 행사라기보다는 자유의 신화이기 때문이다. 지구촌에서는 전래의 내적 규제 형식들이 되풀이된다. 또한 동일한 것이 아무런 동요 없이 반복되면서, 인터넷을 시도해보려는 모든 이들이 지구촌의 자연적 규범에 동의하도록 만든다. 이에 동의하지 않으면 이들은 토론방 내의 '킥(kick)' 기능에 의해(이 기능을 통해 '관리자'는 막연히 '당연한' 기준에 의하여 그 행동이 받아들일 수 없는 것으로 간주된 어떤 사용자의 접속을 강제로 끊을 수 있다) 접속이 끊기거나 혹은 객체 지향형 멀티 유저 서버(MOO: Multi-user Object Oriented server) 사용자들의 일정한 커뮤니티에 들어가는 것이 무조건 거부되는 등 꽤 과격한 방식으로 이 촌락에서 밀려난다.

바로 이 때문에 이제 고전적이 된 '지구촌'의 개념을

'인터넷 도시'라는 개념으로 대치시키는 것이 그 나름대로의 의미를 지닐 수 있는 것이다. 또한 '인터넷 도시'라는 개념에는 어떤 기대와 희망이 함축되어 있다.

우리는 인터넷의 '자연적' 자율 규제를 진정한 법적 자치로 전환시키는 것이 어떤 조건에서 가능할지, 그것을 생각해내는 데 기대를 걸고 있다. 이것은 네트워크 안에 존속하는 내재적 법칙 대신에 언론이나 저작권을 지배하는 법률과 같은 외재적이고 이질적인 법칙을 끼워넣는다는 의미가 아니다. 네트워크의 구성에서 무엇으로도 바꿀 수 없이 독창적인 차원이 드러난다는 것, 네트워크가 인쇄술의 발명만큼이나 크나큰 '혁명적 사건'임을 인정하게 되면 다음과 같이 하는 것이 절대적으로 필요해진다. 즉 네트워크에 특유한 적법성 같은 것이 있는지 포착해내고 네티즌[netizen, 인터넷의 약어인 '네트(net)'와 시민을 뜻하는 '시티즌(citizen)'의 축약]이라고 불리워지는 것이 무엇을 의미하는지를 이해하려고 하는 것이다.

이를 통해 우리가 희망하는 바는 인터넷의 관습을 실제 법으로 전환시키는 것이다. 인터넷 시민은 사실상 네트워크 내의 정치체제 같은 것, 어쨌든 어떤 명확한 공적 규제 형태와 함께 실체적으로 존재할 것이다. 이러한 규제 형태는 더 이상 기존 전산과학 체제상의 예절에 그 근원을 두지 않을 것이다. 네트워크의 창조적 가능성과 그것의 특유한 규제적 요구를 의식하고 있는 사용자들이 분명하게 표명한 의지에서 비롯될 것이기 때문이다.

그런데 여기에는 두 가지 어려움이 있다. 첫째, 인터넷의 관습을 입헌적으로 법제화하기 위해서는 네트워크에서 사용되는 활동 규칙들의 기반이 확고해야 한다는 것이 전제된다. 인터넷 관습의 법제화 목적이 모든 기존 규칙들의 체계적인 '변화'에 있는 것이 아니므로 오해해서는 안된다. '기반'을 이야기한다는 것은 바로 스스로가, 기존 용법들의 토대가 될 수 있는 규범적 질서를 생각할 방법을 마련하는 것이다. 이 같은 규범적 질서의 가치는 반박할 수 없는 것인데, 그만큼 과학적 혹은 예술적 창조성뿐만 아니라 유희적, 상업적, 혹은 사회적 창조성에서 그 효력이 확실하기 때문이다. 이러한 첫번째 어려움은 본질적으로 **상징적인** 차원의 것인데, '창시자'들을 죽여야 하는 것이다. 더 정확히 말하자면, 네트워크에 가입하는 토대가 되는 기본 원리로서의 친자관계와 계보를 소멸시켜야 한다는 것이다. 네트워크상의 교제는 여전히 그리고 언제나 그것을 주관하는 누군가에 의해 시작되는 것이기 때문에 자신을 하대하는 타인의 태도를 받아들여야 한다는 것은 자명한 일이다. 그러한 태도가 아무리 순화되고 교제상의 난점으로 인해 정당화된 것이라 할지라도 말이다. 그러나 그것은 피할 수 없는 것이 아니다. 그것은 어떤 교육 과정을 통해 벗어날 수 있는 자연스런 사물의 운명과 같은 것이다. 그러한 교육 과정은 앞으로 찾아내야 할 것이지만 전혀 생각할 수 없는 것은 아니다. 이런 측면에서 우리는 네트워크에서 시민 교육을 다른 그 어느 것보다 독창적으로 정의할 수 있는 영역을 찾을 수 있을 것이다.

동시에 여기서 두번째 어려움이 비롯된다. 그것은 정부 당국이 이 같은 규제화를 책임지고 하려는 유혹, 그리고 네트워크의 인간적이고 기술적인 특성을 무시하는 외재적이고 형식적인 법제화 수단을 통해 관습을 법으로 대치시키려는 유혹이 크다는 점이다. 여기서는 기술적 방법을 통해 네트워크 사용자들이 '실제 세계'의 문명인들과 동일한 법을 채택하게끔 강요하는 것이 어려운 것이 아니다. 어려운 점은 그보다는 네트워크가 이런 식으로 훼손되지 않도록 하며, 그것이 정상적으로 성장해 나갈 수 있도록 해주는 것이다. 그렇게 되지 못한다면 네트워크는 제도적 규제자들에게서 벗어날 수 없을 것이며 법률적으로 그들에게 장악될 것이다. 다시 말하자면 1960년대 후반에 나온 자연스런 행동 규범의 흐름에, 사용상의 제한으로밖에는 여겨지지 않는 구속들을 대립시키고자 하는 것이다. 이는 말장난으로 기만하려는 것이다. 왜냐하면 근본적으로 여기서는 규범이라는 개념이 제한이라는 개념으로 바뀌었을 뿐이며 또한 이 제한이라는 개념에서 네트워크에 의해 제공된 기회를 누릴 수 없게 하는 것으로 바뀔 뿐이기 때문이다.

그런데 인터넷 법률이 거의 형이상학적 의미에서의 비전, '인터넷 법'에서 나오지 않고 '실제 세계'의 법학자들로부터 나오게 된다면 인터넷은 결코 '도시'를 형성하지 못할 것이다. 또한 '지구촌'은 사실상 자신들의 정치적, 법률적 특권에 집착하는 정부당국의 강력한 힘에 포위당한 채로 있게 될 것이다.

전체적으로 볼 때, 관건이 되는 것은 단순히 법률적인 것이 아니다. 법이란 형식적으로 개인들과 그들의 행위를 억압하는 규범적이고 구속적인 도구에 불과한 것이며 현재 시간의 변동에 따라 변화될 수 있는 것이다. 근본적으로 '인터넷 도시'라는 개념 안에는 어떤 공동체의 개념, 관습이나 용법 중심이 아니라 진정으로 평등주의적인 공동 정치 계획을 중심으로 해서 조직된 공동체의 개념이 분명히 있다. 왜냐하면 인터넷 상황에서 제기되는 본질적인 문제는, 생산 도구와 부에 의해서가 아니라 근본적으로 텍스트적이고 그래픽적인 실행과 담론에 의해 결정된 더불어 사는 **삶**의 문제이기 때문이다. 지식과 창조성의 공유를 통해 우리는 어떤 모의정치 공동체를 예감할 수 있게 되는데, 이러한 가상적 공동체의 규제 원칙과 제도적 자율성을 이 공동체에 내재적인 방식으로 생각해낼 수 있어야 할 것이다.

그러므로 가장 중요한 것은 네트워크 공동체의 정의라는 개념 자체를 정치적이고 사회적인 용어로 가늠해보는 것이다. 편한 대로 공간적 은유를 받아들여본다면 '사이버 공간'은 어떤 실행에 의해 정의되는 '장소'인데, 이때 이 실행들은 공동체에 대한 인간의 꿈이나 전투적인 환상으로부터 돌연히 나타난 것이다. 그러나 과연 이 사이버 공간이 사회적 공존의 **규범적** 결정 요인들을 제공해주는가? 그리고 이 사이버 공간이 최근 새로운 시민성의 형상을 출현시킨 기술적 요람기라고 할 수 있는 것인가?

사실상 우리는 인터넷의 적극적 행동주의가 공공정치의 정의 및 실행에 기여할 수 있다는 분명한 확신에 도달하게 된다. 심지어 인터넷 사용자들, 즉 '인터나우테스'[7]가 새롭게 획득한 가상 신분이 얼마 지나지 않아 우리 인격, 우리의 사회성, 결국에는 우리의 세계성까지 근본적으로 변화

---

7) 'internet'과 'naute'의 복수인 'nautes'가 결합된 말. 나우테스란 신화적인 의미에서 볼 때 단순한 항해자라기보다는 '무언가를 얻기 위해 또는 개척하기 위해 항해를 하는 사람들'을 뜻하므로 인터나우테스는 '인터넷의 세계를 열기 위해 항해하는 사람들'이란 뜻을 지닌다. 황금 양털을 얻기 위해 아르곤호에 탔던 아르고나우테스가 그 대표적인 예.

시킬 것이라고 믿게 된다. 우리는 우리의 정치적, 사회적 행위의 프리즘을 통해, 우리가 네트워크상에서 종속되거나 유발시키는 경제적 구속을 통해, 인터넷에 대한 우리의 관심 문제, 좀 장난스럽게 말하자면 제한적이지만 분명 알기 쉽고 간단한 용어로 인터넷의 존재와 사용법을 정의하는 데 갖게 될 관심, '잘 이해된 관심'이란 문제를 규명해야 할 것이다.

1

감춰진 성채

이제 네트워크가 공동 생활과 의미 있는 관계를 가진다
는 생각은 일반적으로 널리 받아들여지고 있다. 네트워크
는 단순히 이 공동 생활의 도구에 불과한 것이 아니다. 어
떤 점에서는 일상적인 정치 행위 및 그 규칙과도 관계가
있다. 그 예로서 1996년 가을, 미국 대통령 선거 운동 기간
동안 두 사람의 주요 대선 후보 중 한 사람이 TV에 내보냈
던 광고를 떠올려볼 수 있다. 거기서는 그 후보에게 어떤
희망을 걸어야 하며 다른 후보의 공약을 거부해야 하는 이
유가 무엇인지 알아보기 위해 50대의 한 남자가 인터넷에
접속하는 모습이 비춰졌다. 또 다른 예로 1997년 3월, 영국
보수당의 사무총장 브라이언 모히니(Brian Mawhinney)는

존 메이저(John Major) 수상의 전자우편 주소를 배포하였는데 그러면서 "전자우편은 우리 당이 선거전 기간중에 사용하고자 한 중요한 선거 운동 도구이다"라고 말했다. 그리고 인터넷이 수상에게 "대중과 직접 의사소통을 할 수 있게 해주었다"[1]고 덧붙여 말했다.

그들의 정치적 입장과 상관없이 모든 진영에서 확실히 인정하는 것은, 현대 민주주의에 있어서 무언가가 인터넷을 중심으로 행해지고 있다는 것이다. 시민들의 갈망과 권력 사이의 관계, 또 시민들과 이들을 지배하는 관리들 간의 관계를 생각하는 방식 역시 인터넷을 통해 이루어지고 있다는 사실도 인정한다.

인터넷은 거울 놀이와 같은 것으로, 의견이나 신념, 가치들을 반영해야 하는 동시에 그것의 기원이나 근거를 지정하는 것이 불가능해야 한다. 이렇게 해서 인터넷이 문제 삼게 되는 것은 사회 및 그 사회를 영속화시키는 계급들이 정상적으로 기능할 수 있는 토대가 되는 그런 구조들이다. 여기서 "일리아드는 재현, 재현의 활용에 지나지 않는다"는 고대 에픽테토스(Epictète)의 사상이 명확해진다. 인터넷은 점차적으로 주체와 그의 의지가, 공적 혹은 사적 색채를

---

1) 이 말은 1997년 3월 25일자 《뉴욕 타임스》 전자판에서 인용한 것이다.

떤 극도로 미묘한 뉘앙스를 지니고 재현되는 전형적인 장소가 되며, 이러한 재현을 꿰뚫어보고 가능한 한 잡히지 않는 진리를 규명하라는 통고가 된다.

특별히 정치적인 문제 제기를 통해 인터넷의 존재에 접근하는 것은, 결국 네트워크에 대한 정책을 정의하려는 것이기보다는 네트워크의 정치라는 개념을 이해하기 위해서이다. 이런 의미에서 본질적인 것은 네트워크상에 존재하는 특이한 인격을 정의할 수 있게 되어야 한다는 점이다. 여기서 특이하다는 것은 주체가 자신의 행동 규범을 만들어낼 수 있는 동시에, 그가 맞부딪치는 존재 환경, 아니면 그가 창조에 기여한 존재 환경에서 발효되는 근본적 구속들에 종속된다는 점이다. 네티즌이란 개념에는 사회적·정치적 주체성에 대한 인터넷식 성격 규정이 함축되어 있는데, 이런 측면에서 볼 때 이 개념에는 모호한 점이 있다. 그러므로 개인이 컴퓨터상에 재현된다는 사실, 그리고 세속적이고 일상적인 삶의 구속들에 이 개인들이 절대적으로 종속된다는 사실을 분명히 파악해야 할 것이다.

인터넷에서의 주체

네트워크가 발달하고 대중적인 것이 되면서 주체에 대

한 정보처리적 접근이 시작된 것은 아니다. 컴퓨터 과학이 만들어진 최초의, 그리고 아마도 본질적이라고까지 할 수 있을 목적 중의 하나는 주체를 전산화하는 것, 다시 말해 주체에 간결하고 완전하며 어디에서든지 존재하는 신분을 부여하는 것이라고 할 수 있을 것이다. 그리하여 사회보장 체제 전체나 기업들의 인력자원 관리에서, 우리가 '이러하다'고 규정된 것을 가지고 기계는 우리가 어떤 권리나 의무, 혜택을 받게 되며 분담금을 얼마나 지불해야 하는지를 충분히 결정할 수 있을 것이다.

이러한 신분에는 우리의 존재와 거처, 그리고 사회적 혹은 사적 활동의 요약 같은 것이 포함되어 있는 것이다. 더 나아가서 주체에 대한 각각의 의학적·사회적 삶의 두께와 법률적 위치 등에 대한 전산적 지배, 한마디로 말해 존재의 전면적 전산화가 개인들의 행정적 감금이나 개인 행동의 규범화를 목표로 하는 제도화된 권력의 현대적 규율 전략에 속하게 되는 것이다.[2] 본질적으로 모든 주체성이

---

2) 미쉘 푸코(Michel Foucault)의 『감시와 처벌(*Surveiller et punir*)』(Paris, Gallimard, 1977) 참조. 또 『이론과 사건(*Theory and Event*)』(Baltimore, Johns Hopkins University Press, 1977)에 수록된 티모시 루크 (Timothy W. Luke)의 「가상 시간—사이버 주체성의 정치(Virtual Times—the Politics of Cybersubjectivity)」 참조.
http://muse.jhu.edu/journals/theory_&_event/v001/1r_luke.html

통계적으로 축소되고 수치화되는 것은 개인 존재가 사물화되는 한 형태로 보아야 할 것이다. 만일 그것에 내포된 '사물성'이, 무한히 다시 만들어질 수 있는 전자 사슬의 사물성보다 더한 실체를 지니고 있다면 말이다.

그런데 여기에서는 더 이상 네트워크의 정치가 문제시되지 않는다. 인터넷의 발달로 인해 이 주체의 전산화 모델은 돌이킬 수 없이 파괴된 것이다. 왜냐하면 주체적 존재는 더 이상 엄격히 결정지어지는 것이 아니며, 결정지어지는 동시에 완전히 **결정하는** 주체이기 때문이다. 네트워크상에서의 정보 교류가 분산되면서 새로운 '사이버 존재'의 모델이 점차적으로 자리를 잡게 되는데, 이것은 이전의 모델을 대치하는 것이 아니라 그것에 겹쳐지면서 그 이전 모델이 갖던 권력 효과를 무화시킬 수 있게 된다. 인터넷망 안에 전산적으로 존재하는 데 어떤 독창적인 점이 있다면, 그것은 정보의 양극적 제어에 근거하고 있다고 할 수 있다. 여기서는 사람이 전산적 결정의 대상이기만 한 것이 아니라 다양한 가상 실체들을 창조해내는 주체인 것이다. 예를 들어 놀이 차원에서는 롤 플레이 게임과 그 안에서의 '다양한 모험들'을 만들어내며, 상업적 차원에서는 전자상거래에 자유롭게 참여할 수 있게 한다든가 개인 은행 정보를 제한적이고 사적으로 운영할 수 있게 하는 것이다. 범속하게 말하자면, 인터넷 주체에서 나타나는 유연성은 자신을 기관이나 행정권에서 마음대로 할 수 있는 단순한 수치 데이터 놀이로 귀착되게 내버려두지 않는 그러한 유연성인 것이다.

인터넷상에서 우리는 만들어지기보다는 스스로를 만들어가며, 우리가 네트워크 안에 머무르는 시간 동안 우리가 만들어내는 존재는 통계적 범주가 아닌 우리 자신의 비전에서 비롯되는 것이다. 이제 네티즌이란 개념이 특별한 의미를 가질 수 있다면, 이는 전산적으로 규정된 주체를 포괄하기 위한 것이라기보다는 그같이 규정된 주체가 네트워크 상에서 어떻게 쓰이는가를 지칭하기 위한 것이다.

동시에 주체가 정보통신 상황에 놓이게 되면 인터넷 상황에서는 이중적 이완의 문제가 발생하게 된다.

우선 정보처리 도구를 전체적으로(혹은 전체적이라고 가정된 방식으로) 제어하게 되면, 개인들이 즉각적이고도 상당히 효과적인 방식으로 대개 컴퓨터 안에 저장된 정보, 특히 그들 자신과 관계된 정보들을 적법하게 통제할 수 있게 될 것이다. 생산 및 사용 단가가 현저히 떨어지고 이와 더불어 언어들이 단순화되면, 보다 정확히 말해 그래픽 인터페이스 및 기계들 전체가 인체공학적으로 단순화되면, 정보처리 도구를 실제로 모두가 공유하게 되리라는 희망이 허망하거나 환상적이지 않은 것이 된다. 산업화한 국가 내에서건 빈부의 차이가 나는 국가들간의 관계에서건 경제적 조건의 차이와 연관된 중대한 어려움을 없앤다는 것은 생각할 수 없는 일이다. 단지 우리가 인정해야 할 것은 전산학이 '민주화된다'는 것, 이와 더불어 전체적으로 지식이 증가하고 정보처리 도구를 기술적으로 제어할 수 있게 된다는 명백한 사실이다.

따라서 개인 정보에 개인적으로 접근하는 것이 장기적으로 볼 때 실현 가능하다고 가정하는 것은 허황된 일이 아니다. 또한 이로부터 필연적으로 도달하게 되는 결론은, 제도권 권력과 그것이 다스리는 개인들 간의 지배 위치가 이동되거나 변한다는 것이다. 예를 들어 이제 대중적으로 널리 보급된 '행정 절차의 간소화'라는 개념은, 상당히 보편화된 네트워크에의 접속이라는 형태의 '기술적 책임화' 속에서 지속적인 반향을 찾아볼 수 있다. 이 같은 생각에서 미국 국회에서는 1995년부터 국회 공식 서류와 문서들을 대중들이 이용할 수 있도록 하고 있다(http://thomas.loc.gov). 여기서 전제가 되는 것은 민주주의에서는 국가 문제의 경영에 시민들의 직접적 참여가 필요하다는 토머스 제퍼슨으로부터 계승된 정신인 것이다.

이것이 국민들이 마침내 정당하고 진정한 자유를 향유할 수 있는 수단, 본질적으로 '기술적인' 그런 수단을 가지게 되었음을 의미하지는 않는다. 게다가 그 어느 것도 단순히 발언하는 것, 그리고 저마다가 대중 정치를 실행하는 데 필요한 결정 과정에서 다른 모든 이들을 대신하는 것이 자유임을 입증해주지는 않는다. 그보다는 권력과 행정의 고전적인 중앙집중 구조를 다시 문제시해보려는 시도를 엿볼 수 있고, 이에 따라 우리가 알고 있는 제도권적 질서나 아니면 최소한 그것의 기능과 반복 양식이 느리게나마 분명 필연적으로 불안정해지고 있음을 짐작해볼 수 있다.

분명 미국 국회가 혁명적 기구라고 주장하려는 것은 아니다. 그러나 다양한 정치 생활의 도구들과 시민 간에, 또한 공적, 법률적, 사회적 결정 등을 이끌어가는 이른바 토론 같은 정치 기구 그 자체의 제도적 토대와 인간 사이에는 기술적인 인접성이 생겨난다. 이 인접성은 갑작스레 정치 기술자들의 통제를 벗어난 정치 기술상의 '술책' 같은 것이 된다. 대중이 이용할 수 있게 된 국가의 중요 문서들은 그 자체로 개인의 특권들을 실제 행사할 수 있는 유연한 장소가 되는데, 이때 개인의 특권이라 함은 시민성과 정치적 견해, 그리고 그 결과로 생겨날 수 있는 행위를 말한다.

그 예로서 인터넷상에서 수많은 계급 관계가 파괴되고 있음을 확인하게 된다. 역할의 재분배가 일어난 것인데, 이것은 새로운 방식의 전자 '가시성'에 의해 요구된 새로운 위계의 창조라 하는 것이 더 나을 것이다. 이 전자 '가시성'은 가상적 실현이나 능력, 인터넷의 가장 '구체적'인 형태라 할 수 있는 산물이나 성과와 관련된 것이다. 이때의 구체적 산물로는 그래픽 상으로나 예술적으로 대단히 뛰어난 페이지들, 타인이 사용할 수 있게 해주는 것, 이미지와 정보를 대중이 사용할 수 있게 해주는 것 등을 들 수 있을 것이다. 개인이 그들의 사회적 지위가 어떠하건 간에 무엇보다도 그들의 전자우편 주소에 의해 확인될 수 있으며, 따라서 그 주소를 통해 직접적으로 접근할 수 있다는 사실에는 변함이 없다. 우리는 신화적인 전자 프론티어 재단(Electronic Frontier Foundation)[*]의 공동 설립자 중 한 사람인 존 페리 바로우(John Perry Barlow)처럼 미국 정치 계층, 그리고 국제적인 정치 계층을 모조해서 늘어놓고 이에 대한 풍자를 하게 될 것이다. 그가 말하길, 미국 상원 의원들은 자기들에게 보낸 전자우편에 직접 답하기보다는 자동 수령 통지서를 보내도록 하는 경향이 있다는 것이다. 그러나 문제는 거기에 있는 것이 아니다. 왜냐하면 어쨌든 개인들에게 접근하는 것이 가능해지기 때문이다. 그것도 그들의 기능에 합당한 준비나 치장 없이 말이다. 'chirac_jacques_@hotmail.com'이나 'bill_clinton_gov@hotmail.com'에 보낸 메시지는 직접적인 응답을 받게 될 것이며, 일반 우편물에서와 같은 부자연스러운 외면치레나 서간체의 공식적인 문투를 피한다 해도 실례가 되지 않을 것이다. 그렇다고 해서 권력의 '안정성 상실(dé stabilisation)'을 이야기하는 것은 지나친 일일 것이다. 신조어를 만든다면 불안정성(instabilisation)이라 할 수 있을 것이다. 권력이 그대로 남아 있음에도 불구하고 그것이 예측하지 못했던 틈새가 벌어지는 것을 보고 전율하며, 이후로는 실제 그 틈새를 절차상 통제하려고 하기 때문이다.

컴퓨터 통신 도구를 설치하여 집에서도 인터넷을 하는 사람들의 수가 증가함으로써 야기되는 또 다른 문제는 전자 인격의 문제이다. 그런데 이것은 앞서의 어려움에 정확히 대칭되는 어려움이다. 네트워크상에서 우리는 '비트(bit)'[3]로 변환된 이름에 지나지 않으며 우리 자신이 실행한 것들이 전자적으로 나열된 것일 뿐이라는 사실을 우리는 잘 알고 있다. 이런 점에서 기존 권력, 자신의 특권을 다시 문제삼는 데 동의하지 않는 권력에 대항하여 자유를 획득하는 것은 더 이상 문제가 되지 않는다. 여기서 중요한 것은 그보다는 개인의 행동 및 존재에 대한 규제 양식을 발견하는 것, 요컨대 그 자체로 막연하고 용인할 수 없는 심판관에 맡겨질 수도 있을 활동을 다스리는 것이다.

사실 몇 가지 순수한 기술적인 구속, 예를 들어 전자우

---

3) 컴퓨터 정보 처리 장치가 저장할 수 있는 이진수의 자릿수. 8비트, 16비트 따위(옮긴이).

편 주소로 받아들여질 수 있는 문자들의 숫자와 종류 같은 것을 제외하면 우리는 네트워크상에서 거의 전적인 자유를 지니고 있다. 우리는 자신의 신분을 창조할 수 있으며, 동시에 조작자로서 우리 상상력의 환영 뒤로 사라져버릴 수도 있다. 이것은 플라톤 동굴 우화의 다음 구절에서 나오는 문화적 그림자와 같은 것이다. 여기서는 관절로 이어진 형상들이 낮은 벽에서 튀어나와 언덕 위로 가는데 그들을 진짜로 조작하는 이들은 파악할 수가 없다. 마찬가지로 우리 '자신'이 떠올리는 '현실'과 우리가 인터넷상에서 차지하는 지위는 우리 자신이 자유롭게 정하는 것이다. 우리는 자신에게 '발', '초록 양초'라는 이름을 붙일 수도 있고 심지어는 '_!@#$%^&()+'라고 이름 붙일 수도 있는 것이다. 말하고 행동하는 자가 자기 자신이 아닐 수 있는 기회를 발견하게 되면, 그리고 자신의 인격을 '타자성'으로 정의하며 자기 자신에 대해 자신의 물리적, 도덕적 자아와는 무관한 전자적 존재를 상정할 수 있는 다양한 기회를 발견할 수 있게 되면, 주체의 문제는 곧바로 중요한 사회적, 정치적 차원을 드러내게 된다. 그것은 이제 자명해 보인다. 비존재의 양식으로 존재하는 것, 자기 부재의 양식으로 스스로를 제시하는 것, 이러한 존재 방식은, 사람들이 그것이 창조성인지 계략인지를 가려내기 위해 어떤 변증법을 상상해내건 간에 사회적, 정치적 차원에서 고전적인 권력 및 그 질서의 개념과는 양립하기 힘든 가정이 된다.

왜냐하면 이는 여전히 권력의 문제이기 때문이다. 이때의 권력은 '불안정해진' 제도의 권력이 아니다. 그것은, 그 모든 경우가 고려된 것은 아니지만, 분명 불안정하고 고정되지 않은, 그러나 그 결과를 예측할 수 없고 따라서 매우 효과적인 인터넷 주체 '자신'의 권력 문제인 것이다. 자신이 네트워크상의 행위자인 순간에조차 자신의 전자적 존재의 자취를 지워버릴 수 있게 되면 소속, 참여, 혹은 행위로 표현되는 어려움이 제기되는데, 이것은 네트워크에 적용되는 사회적, 정치적 성찰의 중요한 관건이 된다. 사실 정치학의 통상적 원칙들과 양립 불가능한 '비객체성'인 사회적 주체의 점차적 소멸 과정을 다루도록 요구되어왔던 정치사상이 근본적으로 불가능해질 위험이 드러난다. 존재와 행위를 누군가에게 전가한다는 것은 그것들이 실제로 전가될 수 있음을 가정하는 것이다. 또한 여기서는 규칙적인 상호작용과 구속의 질서가 만들어지고 공고해질 수 있다는 가정을 해볼 수 있는데, 인터넷상의 존재는 바로 이 모든 것으로부터 벗어날 수 있게 해주는 것이다.

결과적으로 네트워크 정치의 중심에서 나타나는 것은 통신 현상 자체인데 이 현상은, 네트워크상에 머무르는 주체의 존재 양식을 본질적으로 특징짓는 것이다. 그런데 여기서 중요한 것은 우리가 자신의 존재를 표현해내는 것이며, 그보다 중요한 것은 그것이 대부분 허위적이라는 사실이다. 사실 한 남자나 여자가 인터넷상에 있다고 말할 때 우리는 통신 현상을 공간적으로 표현하는 것이다. 그런데 이 현상의 성격이 대단히 은유적이고도 부정확하다는 것을 우리는 전혀 파악하지 못하고 있다. 사실 인터넷 사용자는 자기 방이나 사무실, 아니면 네트워크에 접속할 수 있는 공공 장소에 있을 뿐이다. 네트워크'상에는' 이제 그가 하는 것, 다시 말해 그가 참여하는 통신 과정이 있을 뿐이며, 그는 다소간 의식적이고 명확한 방식으로 이 통신 과정을 풍요롭게 하거나 파괴하는 데 기여한다. 주체는 언어의 흐름, 텍스트적이거나 그래픽적인 언어 행위이며, '거기' 있지 않지만 그의 말이 공표되고 그것에 접근할 수 있는 곳이면 어디나 '거기 있는 존재'인 것이다. 개인적, 사회적 혹은 문화적, 거기다가 정치적인 주체의 실제적인 확장이 잠재적으로는 무한히 가능하지만, 이 주체는 가상적 차원에서 그 중심을 결정할 수 없으며 따라서 그만큼 파악할 수 없는 채로 남아 있는 것이다.

그러므로 네트워크를 특징짓는 데 쓰이는 공간적 은유는 부적당한 것이다. 왜냐하면 그것이 전자적 주체가 실현하는 편재성(遍在性)을 가리기 때문이다. 네트워크에는 어떤 장소가 주어질 수 없음에도 전자적 '장소'에 대한 성찰을 이끌어낸다는 의미에서 이 같은 공간적 은유는 허위적이라 할 수 있다. 그런데 그러한 장소들이 진정 물질적으로는 존재하지 않지만, 일반적으로는 개인과 그들이 통신하고 있는 위치를 은밀히 측정함으로써 포착의 논리 및 실제를 연역해내게 된다. 사람들은 '가상적' 존재들이 '실제' 세계의 존재들만큼이나 분명하고 확실하게 '**포착될 수 있기**'를 바랄 것이다. 그리하여 원자의 논리와 8비트, 곧 1바이트[4])의 논리를 뒤섞으면서 스스로 인터넷의 고유한 규범성을 생각하지 않으려 하거나 혹은 그런 것을 생각해내는 수고를 피하려 하게 된다. 이는 전자통신 경험의 의미와는 완전히 그 지평을 달리하는 고전적 구속 기술들을 보다 쉽게 적용하기 위한 것이다.

사실 네트워크상에서 이루어지는 모든 활동에 어떤 장소적인 기원이 있긴 하지만, 실제로 그 활동을 통해 드러나는 것은 그것 자체의 위치 부정이며, 인간 경험의 '세계화'이다. 이때 인간 경험의 '세계화'는 일반적인 견지에서 시

---

4) 이는 니콜라스 네그로폰테(Nicholas Negroponte)의 『디지털이다(*Being Digital*)』(Knopf, 1995) 덕분으로 확립된 구분에 따른 것이다. 그리고 바이트(byte)는 컴퓨터가 처리하는 정보량의 기본 단위로, 8비트를 1바이트로 하며, 영문자 한 자의 표기 능력 단위가 된다(옮긴이).

민적 공존의 윤곽을 다시 그려서 보여주는 것 같다. 왜냐하면 그러한 전자통신 활동의 본질은 정보의 **공표** 과정에 있기 때문이다. 다시 말해 그 본질은 개인적이고 당연히 국지적인 생각이 잠재적으로 누구나 접할 수 있는 보편적인 담론으로 확장되는 데 있다. 이때 이 담론을 '잠재적으로 보편적'이라고 하는 것은 잠재적으로는 누구나 그 담론에 보편적으로 접근할 수 있기 때문이다. 발화되는 모든 담론이 확산된다는 것, 그리고 이 담론이 그것을 보고 들은 모든 이들에 의해 공유된다는 것은 사실이다.

그러나 인터넷에 접속한다는 것은 다음과 같은 특성을 드러낸다. 즉 거기서 한 말은 즉각적으로 공개되며, 이 같은 공개는 네트워크에의 기술적 접속 이외에는 어떤 선행 조건도 거치지 않는다는 것이다. 어느 정도 광범위한 대중을 상대로 하는 정치가, 기자, 작가 혹은 교사들은 모두가 어쩔 수 없이 사회적 선택이란 굴욕적인 조건을 받아들인다. 그리고 이들은 중간 입장을 지키고 어떤 정해진 사회적 공간을 자기 것으로 삼을 수 있어야지만 공식적으로 발언할 수가 있다. 이때의 사회적 공간은 그들 자신에 의해 또는 타인들에 의해 확인될 수 있으며 결국에는 획득될 수 있는 것이다. 왜냐하면 그 공간은 거기서 만나고 모이는 존재들과 동일한 단위로 측정될 수 있기 때문이다.

그러나 인터넷에 대해서는 분명 사정이 아주 다를 것이다. 인터넷의 본질은 개인들과 같은 단위로 잴 수 없고 근본적으로 자기 것으로 삼을 수 없는 것이기 때문이다. 내용의 다양성, 그리고 곧바로 '살아 움직인다'고 규정지어진 팽창성은 '그전에 있던' 개인의 모든 자격을 무효화시키며, 문자 그대로 평가의 순서를 뒤집어버린다. 우리가 무엇을 했기 때문에 이러저러한 가치가 있는 인간이 되는 것이 아니다. 그것은 우리의 행동이 네트워크상에서 이러저러한 결과를 야기시킬 수 있기 때문이며, 원인 때문이 아니라 결과 때문인 것이다. 말하자면 주체의 현실은 실제로 실현되는 것이기보다는 투사된 것이라는 점이다. 이때 주체의 현실은 주체의 이전 존재나 심지어 그의 '거기 있는 존재' 안이 아니라 이 주체 자신을 초월해서 투사된 것이다. 너무 지나친 게 아니라면 사람들은 아마도 이렇게 말하고 싶어질 것이다. 즉 우리 자신을 가지고 만들어낸 것이 아니라 앞으로 만들어낼 것이 우리라고. 이때 앞으로 만들어낼 것은 우리가 받아들이고 이해하라고 내어주는 담화 효과, 말, 혹은 영상들이며 또 우리가 자신으로부터 넘겨주는 어떤 것인데 이것은 타인들이 다시 자기 것으로 삼을 때만 그 실체를 획득할 수 있을 것이다.

세계의 얽힘

하기는 네트워크에서 특유한 전자적 시민성이란 개념이 단지 존재의 정보 통신적 형상만을 지칭하는 것은 아니다. 그리고 바로 이 때문에 네티즌이란 개념 자체가 극도로 모호한 상태에 있는 것이다. 왜냐하면 이 개념이 네트워크란 환경에 특유한 어려움을 드러내기도 하지만 동시에 고전적인 시민성의 개념에도 손짓을 보내기 때문이다. 그 개념은 고전적 시민 개념에 대치되는 것이 아니라 그것을 옹호하는 도구이다. 예를 들어 미국 잡지 ≪와이어드(Wired)≫의 <네티즌>란에서 다뤄지고 있는 정치적 문제들은 분명 네트워크의 세계, 특히 그것에 적용될 수 있는 법률과 연관되어 있다. 그렇지만 이 정치적 문제들은 '일상적인' 삶과 구체적이고 실제적인 삶의 관건들 속에서의 시민들 '자신'과 관련된 것이지, 어디서나 존재하지만 완전히 파악할 수 없는 전자적 실체 같은 것과 관련된 것은 아니다. '사이버 시민'이란 개념에 전제된 것은, 민간으로서의 정보 통신 주체, 그리고 인간으로서 '가상적'인 네트워크 세계와 결부된 정보 통신주체의 세속적 규정, 그의 사회적, 정치적 상황의 세속적 규정이다. 그런데 이렇게 네트워크 세계에 결부된다는 것은 대단히 모호한 것이다. 왜냐하면 이때는 텍스트나 그래픽을 통해 상호작용을 하는 여러 인격들이 산만하게 흩어진 거대란 덩어리를 이루고 있는 그런 가상 공간에 결부될 수도 있고, 아니면 우리가 살아가는 세계와 삶의 욕구 및 특별한 관심에도 결부될 수 있기 때문이다. 네트워크 상의 상호 작용에는 무엇보다 정치적인 의미 같은 것은 없을 것이다. 이는 이 상호 작용이 무수한 '사이버 주체'들을 —아마도 독창적이고— 개화된 방식으로 연결시켜줄 것이라는 단순한 이유에서이다. 이러한 네트워크상의 상호 작용은 또한 정보화한 자신들의 담화적 존재와 정면으로 마주하고 있는 사람들을 끌어들이는데, 그들에게는 안전하게 직업적 혹은 상업적 거래를 하는 것이 문제가 되건, 아니면 미합중국 헌법에 기재된 근본적 권리 중의 하나인 말과 표현의 자유를 실제로 누리는 것이 문제가 되건 간에, 인터넷에 계속적으로 접속해야 할 대단히 실질적인 관건이 존재한다. 명백한 것은 인정해야만 한다. '사이버 세계'는 '떠돌아다니는' 정보가 순환하면서 모호하게 얽혀 있기만 한 것이 아니라 그것 역시 하나의 세계인 것이다.

실제로는 주체의 말이 가상적이라고 해서 이 주체의 공간적 혹은 지역적 존재가 그렇게 철저하게 무화되지는 않는다. 그보다 자명한 사실은 네트워크 활동에의 참여가 세계 안에서 3중의 소외를 드러낸다는 것이다.

첫번째로 기술적 소외가 있다. 여기서는 단지 정보처리 기량, 즉 컴퓨터 및 네트워크 자체와의 친숙성만이 문제가 되는 것은 아니다. 물론 이것은 '멀티미디어적 산책'이 전자기계적 악몽으로 돌변하기를 바라지 않는다면 아주 필요한 것이긴 하다. 하지만 정보처리 활동의 배경이 되는 것은 그보다는 과학적, 산업적 생산 체제 전체이다. 정보 통신 체험은 결국 그 생산 체제의 아마도 가장 우연적인, 최후의 화신과도 같은 것이다. 컴퓨터라는 것은 산업망과 연결된 공업 제품이다. 따라서 산업 정책에서 무엇이 결정되었고, 정보 통신과 국제적, 상업적, 과학적 혹은 문화적 정보 교환에서 무엇이 선택되었는지가 컴퓨터를 통해 극도로 미미하긴 하지만 그래도 적잖이 '사실적인' 방식으로 드러난다. 요컨대 인터넷 체험의 원료 같은 것이 되는 진정한 활동망이 드러나는 것이다. '가상' 세계를 좀더 열정적으로 표현하기 위해 이 같은 통신상의 소외를 회피할 수도 있다. 그러나 특히 정보원이 공유되어야 네트워크가 보편화될 수 있다는 것, 또 인터넷에 접속할 기술적 수단을 갖지 못한 것이 몇몇 나라들이 아니라 몇 개의 대륙 전체임을 보게 될 때 이는 네트워크의 보편성을 생각하지 않는 지나치리만큼 안이한 방식일 것이다. 요컨대 이것은 네트워크의 본질 자체를 망각하는 것이며, 그 본질이 실제적으로, 따라서 무엇보다 **물리적으로** 개인들의 전통적인 소속 영역을 넘어서는 접속의 실현임을 망각하는 것이다.

두번째로 시민적 소외는 네트워크상의 정보 통신 체험이 가진 어찌할 수 없는 특성이다. 우리는 네트워크상에서는 아무말이나 하는 것이 상대적으로 용이하다는 것을 잘 알고 있다. 좀 비열한 주제들을 다루는 토론 그룹들이 존재하는데, 어떤 그룹은 헌법개정론자 혹은 인종차별주의자 사이트*처럼 신통치 않은 나치즘 노릇에 빠져 있으며, 또 다른 그룹들은 어른이나 아이, 심지어 동물까지 끌어들인 포르노를 통해 섹스를 다루고 있다. 얼마간의 유보를 두어야겠지만 전체적으로 세계 대부분의 나라에서는 이 같은 행동 전체가 불법적인 것으로 선언되어 있다. 그러나 이러한 탈선 행위에 가상적인 실체를 부여해주는 정보의 흐름을 멈출 방법은 진정 존재하지 않는다. 하지만 이같이 '끔찍한 방종'은 진정한 상황을 가릴 뿐이다. 때로 자기 나라의 법률 규칙들을 비껴갈 수단이 있긴 하지만, 이 규칙들은 종국적으로 다양한 속박의 형태로 강요되거나 아니면 어쨌든 극도로 조심성 있는 태도를 요구한다. 많은 사람들이 너무 자주 잊어버리는 것은 네트워크 사용자가 네트워크 앞에서 혼자 있는 것이 아니라 그들의 접속 담당자들과 연결되어 있으며, 이 접속 담당자들 자신은 일반적으로 더욱 강력한 공급자에게 종속되어 있다는 것이다. 이 공급자들은 주요 전기통신이 프랑스 텔레콤을 거쳐가는 프랑스에서처럼 제도권에 속하기도 하고, 전기통신 시장이 다양한 초국가적 제작자들에 의해 분점되어 있는 미국이나 영국에서처럼 사기업에 속해 있기도 하다. 대부분의 경우 이제 겨우 해방된 사이버 항해자들의 절대 자유주의적 생각을 약화시키는 데는 순응주의와 어떤 이성적 정신이면 충분하다.

우리는 인터넷에의 접속과 인터넷에 퍼져 있다고 간주되는 자유, 이 양자가 필연적으로 일치되어야 한다는 생각을 우선 누그려뜨려야 한다. 1996년 봄에 프랑스에서는 정보 네트워크의 극히 제한된 부분에 퍼져 있는 극단적 자유주의를 보고 각료들이 흥분하여 행정 절차에 따라 나라 전체에서 '알트(alt)'5)라는 접두사로 시작되는 명칭을 지닌 모든 토론 광장에의 접속을 금지시켰는데, 이러한 행정절차의 적법성은 지금에 와서 봐도 여전히 불확실한 것이다. '알트' 그룹은 실제로는 '대안적'이라 불리는 그룹들인데, 여기서는 온갖 주제들이 다 다뤄지고 있으며 그것들 중의 어떤 것은 사실 특별히 혐오감을 일으키는 것으로 간주될 수도 있을 것이다. 이같이 가장 취약한 것에 적용될 수 있

---

5) 'alternative'의 약자. 인터넷 토론을 목적으로 만들어진 뉴스 그룹의 주소 명칭에 흔히 사용된다(옮긴이).

다는 이유만으로도 충분히 다음과 같은 주제들을 다루는 그룹들에 대한 접속을 금할 수 있다고 판단했던 것이다. 즉, 소농사나 일본 지역 전산 서버 사용자들의 협회 활동, 혹은 미국 텔레비전 연속물인 「스타 트랙(Star Trek)」, 또한 그 관심사가 마찬가지로 '무고한' 수많은 다른 주제들을 다루는 그룹들에의 접속을 말이다.

인터나우테스라 불리는 사람은 세계화한 시민성을 주장하여 자기 자신의 촌락에서부터 관리받는 상태에 놓이게 되었다. 지역적이기 때문에 더더욱 효과적인 구속의 사슬에 매여 있는 것이다. 그에게 중요한 관건이 되는 것은, 마침내 기술적으로 획득된 자유라는 멍청한 환상 속에서가 아니라 제도권으로부터의 점진적인 소외 극복 과정에 따라 그 구속에서 해방되는 것이다. 달리 말하자면, 전자 주체의 행정적 혹은 정치적 소외는 네트워크상에 퍼져 있는 자유의 진상을 밝혀주는 것도, 또한 굳이 인터넷을 통해 연구할 필요가 없는 일반적인 정치적 소외의 진상을 밝혀주는 것도 아니다. 그것은 네트워크 안에서 엿볼 수 있고 또 적용될 수 있는 자유의 특별한 지평을 밝혀주는 것이다. 이것은 어떤 자유 사상에서 요구되는 바를 알려주는데, 사상은 자유를 개인의 추상적인 본질에 결부시키는 것이 아니라 실제의 지적, 실천적 과정과 결부시킨다. 그리고 역설적이게도 그 자유를 텍스트 실행과 같은 것으로 규정한다. 마치 말이나 영상이 단순히 의미하는 데만 쓰이는 것이 아니라 개인적, 집단적 존재의 규칙적이고도 조화로운 질서를 세우는 데 쓰여야 하는 것처럼 말이다. 그리하여 본질적으로 '이상향적인' 인터넷과 더불어 새로운 이론적 지평이 열리게 된다. 이 인터넷에서는 시민의 자유가 기술적 책임감이란 개념과 함께 생각될 수 있을 것인데, 이때의 기술적 책임감이란 지식, 문자주의, 그리고 시민성의 현대적 형태일 것이다.

결국 네트워크는 세번째로 대단히 '현실적인' 유형의 소외를 드러내게 된다. 그것은 네트워크가 어떤 실행들을 실시한 결과로 생겨난 것이기 때문인데, 이러한 실행들은 지역적으로, 그리고 거의 '유형적'이라고 말하고 싶어질 정도로 정해진 문화적 배경에서 비롯된 것이다. 그만큼 우리는 우리가 옳건 그르건 스스로를 관리자라고 판단하는 가치에 언제나 매여 있는 것이다. 내가 인터넷에 대해 가질 수 있는 경험은 '추상적'이거나 '중성적'이지 않으며 '세속적'인 관심에 그 기원을 두는데, 이때의 세속적 관심은 분명하게 정해진 생각을 드러낸다. 이제 네트워크상에서 자기 자신을 창안해낼 수 있는 능력은, 마지못해 그곳으로 끌려온 듯한 우리의 내적 존재와 무관하지 않음이 자명해지는데, 우리는 이 존재를 대략적으로 의식하거나 알고 있다. 이 존재가 분명 전자적으로 변화되어 가상적 발명 기관이 될 것이긴 하지만 말이다. 왜냐하면 인터넷은 담화 및 의지로 이루어진 완벽하게 동질적인 환경도 아니며, 화해한 인류의 조화로운 울림도 아니기 때문이다. 인터넷은 그보다는 수많은 인간의 환상, 또 때로는 그들의 갈등을 비춰주는 보관자로 남아 있다. 게다가 바로 이런 이유로 해서 인터넷에서 온갖 종류의 정보를 끌어낼 수 있는 것이다. 왜냐하면 거기에는 자신과 거의 동일한 생각을 가졌던, 그리고 동일한 거부감을 가졌던 사람이 언제나 한 명쯤은 있기 때문이다. 이런 점에서 인터넷은 또한 행복한 불협화음 같은 것으로 인지되어야 할 것이다. 이를 통해 고전적인 권력의 준엄성이 우리를 길들였던 그런 행동의 일치 기준과는 전혀 다른 행동의 일치 기준을 도출해낼 수 있으리라는 희망을 가져볼 수 있을 것이다.

따라서 종국적으로 문제가 되는 것은 다음과 같은 양자의 긴장 현상이다. 하나는 인터넷의 실행에 의해 강화된 담화와 의지의 대담한 의도적 통합이다. 다른 하나는 주체가 네트워크상에 물리적으로 존재한다는 사실인데, 이것은 주체가 다른 세계, 즉 인간이 살아가는 세계 시민들의 전자적 흐름에, 그리고 이 세계의 사회적, 경제적 혹은 정치적 구속의 전자적 흐름에 참여하는 것이다. 인터넷에서 국적의 상호성에 근거한 이러한 가상적 평등성은 인간과 사회와 문화들 사이에서 인정되고 있는 불평등을 되풀이하는 것이라 할 수 있다. 여기서 문화들의 다양성은 그것의 본질적인 차이뿐만이 아니라 그것들이 다른 문화에 대해 불평등하게 노출되어 있음을 나타낸다. 이렇게 해서 예를 들어 쿠엔틴 타란티노(Quentin Tarantino) 감독의 영화 제목인 <펄프 픽션(pulp fiction)>을 가지고 '인터넷(world wide wep)'상에서 검색해보면 15,274개의 대답을 얻을 수 있는 반면에, 도교를 뜻하는 영어 단어 'taoism'이란 말을 가지고 검색해보면 그 응답이 7,428개뿐이다. 전자는 1994년 칸느 영화제에서 대상을 수상한 작품이고, 후자는 기원전 11세기에 노자에 의해 창시된 것이다. 따라서 우리는 인간 세계가 사이버 세계와 맺는 관계가 명확하고 냉정하게 정해지지 않을 수도 있다는 것, 그리고 그 관계가 환상적이고 유동적인 표상들로 인해 대단히 혼잡하다는 것을 쉽게 이해하게 된다. 분명한 것은 '사이버 세계'의 경험을 통해 이상들을 재평가하게 된다는 것, 즉 이상들의 가치를 깎아내리거나 이전보다 높이 평가하게 된다는 것이다. 또한 이 경험을 통해 인터넷에 대해 불규칙하고 변화무쌍한 관계를 맺는다는 것 역시 분명한 사실이다. 우리가 경험하는 정보적 혼란이 더더욱 강하고 매혹적으로 우리 마음을 끈다면, 그것은 그 경험의 의미가 불확실한 채로 남아 있기 때문이며, 또한 그 경험이 근본적으로 지적, 그리고 사회적 영역에서 우리의 무한한 인간적 열망의 전자적 현상을 포괄하기 때문이다.

'사이버 민주주의'에의 갈망

인터넷이 공동체적이고 공적인 삶에 미치는 영향을 평가하려는 시도는, 두 그룹의 정치 사상가들 사이의 이론적이고 실제적인 갈등으로 요약되는데, 이 두 그룹의 네트워크에 대한 경험은 상이하고 그 목표 또한 근본적으로 달라 보인다. 게다가 이 갈등을 통해 드러나는 것은 통신 행위, 특히 '실제' 세계와 관념의 세계 사이의 관계, 그리고 이 관념의 전자적 순환, 사회화되고 다형적인 이 순환에 대한 이들의 이해가 불확실하다는 사실이다. 아주 대략적으로, 그러나 지나친 과장 없이, 두 그룹의 정치 사상가들의 갈등은 다음과 같이 구분할 수 있을 것이다. 한편으로는 주체의 양도 불가능성과 발언의 자유에 근거하여 네트워크의 절대적 자율성을 옹호하려는 이들이 있다. 또 다른 한편으로는 근·현대의 법정치적 전통에 좀더 합치되는 정보 통신의 제어를 옹호하는 이들이 있다. 이 갈등의 분석은 확실한 진영과 입장을 정하는 것이 불가능하기 때문에 더더욱 어렵다. 특히 인터넷이라는 표상 하에 '영원한' 자유의 원칙과 현대 '기술'의 기적을 포괄하는 것이 문제가 될 때, '자유주의자' 들과 '간섭주의자'들은 때로 유사한 주장을 펴고 있다.

전자, 즉 '자유주의적 이상향주의자'에서 유념해야 할 것은 이들이 통상 우리가 이런 표현을 써서 지칭하고자 하는 그런 이들이 아니라는 것이다. 그들은 꽃들이 만개한 모호한 시기의 혼돈상태 속에 얼떨떨하게 지체하고 있는 이들이 아니다. 왜냐하면 이상향이란 청소년기의 거침없는 몽상이 아니기 때문이다. 그들은 또한 부화뇌동적 정치 구조, 시대에 뒤떨어진 몇몇 정치적 특권 계급의 탐욕에 부당하게 내맡겨져 있는 우리 정치 구조가 앞으로 파괴되기를 진정으로 기원하는 우울한 무정부주의자들도 아니다. 인터넷의 다양한 계층들을 아우르듯이 보이는 민주주의적 사상이 존재하는데, 이 다양한 계층들은 단순한 '개인'들의 집단뿐만 아니라 기업가, 편집자, 작가, 혹은 대학 교수 등 전통적으로 지적인 권위와 정신이 결부되어온 모든 이들을 지칭한다. 게다가 기업 정신과 정치적 행동주의는 인터넷 상에서 아주 잘 결합되는데, 예를 들어 1996년 8월, 전자 프론티어 포럼(Electronic Frontier Forum)에서 '직접 민주주의'란 개념을 둘러싸고 벌어졌던 토론이[*] 그 증거가 될 수 있을 것이다.

이 토론이 어느 정도 본보기적인 사건이 될 수 있었던 것은 마릴린 데이비스(Marilyn Davis)란 한 인물에게 기술적 능력, 사회 참여, 그리고 상업적 현실주의란 세 가지 차원이 집중되어 있다는 점 때문이었다. 사실 그녀가 '민주주의'란 이념에 대해 견지하고 있던 이론적 입장은 순수하게 정보를 처리하는 기술적 작업을 반영하는 것이었다. 그녀가 고안해낸 소프트웨어인 전자 투표(E-vote) 덕분에 토론 광장이 존재하는 유닉스(UNIX)*란 컴퓨터상에서 이 컴퓨터의 전체 가입자들을 처벌할 수 있을 뿐만 아니라 특히 '공공 정치'의 결정에도 참여할 수 있게 되었다. 이런 점에서 소프트웨어가 단순히 기술적인 발명이나 재주의 차원을 뛰어넘어 진정한 민주주의의 이상을 구체적이고 기술적으로 예견하는 것처럼 보이는 것이다. 이러한 민주주의에서는 시민들이 단순히 어떤 정치적 제안에 대해 의사를 표시할 수 있을 뿐만 아니라, 그들 자신이 속한 공동체의 정치적 '일정'을 결정할 수 있게 될 것이다. 이런 의미에서 전자 투표는 미래의 민주주의, 즉 상호 접속된 민주주의의 실행을 가능하게 해주는 정보처리 도구를 정도의 차이는 있어도 미리 형상화시켜 보여주고 있다고 할 수 있을 것이다.

이것으로 인해 이제는 고전적이 된 의회 민주주의와 직

접적 대중 민주주의의 이론적 구분에 필요한 요소를 마침내 찾을 수 있다. 정보처리 기술을 통해 현대 민주주의의 공적 생활에 규칙적으로 끼어드는 이 '국민투표 의례'를 초월할 수 있을 것이다. 이는 '진정한 민주주의'의 운영을 통해 가능한데, 이때의 진정한 민주주의란 개개인에게 공공 문제의 순서와 우위를 명할 수 있는 권력을 주는 민주주의이다. 진정한 권력이란 우선적인 것들을 실행할 수 있는 기술적 수단을 확보하는 것이 아니라 그 우선적인 것들을 지정할 수 있다는 사실에 있기 때문이다. 참으로 혁명적인 도구인 인터넷은 결국 투표와 정치적 결정이 엄정하게 합치될 수 있도록 해줄 것인데, 이것은 국가 대표 차원에서가 아니라 개인의 차원에서, 그리고 각 개인이 표시한 의사들 전체를 수학적으로 분석함으로써 이루어질 것이다. 이같이 열정적인 '정치학적' 몽상에는 다음과 같은 유보 조건이 부과된다. 즉 직접 민주주의가 엄청난 처리 능력을 가진 컴퓨터를 가정한다는 것, 그리고 그 작용의 신뢰성과 안전성이 능력 있고 아무런 이해 관계에도 연루되지 않은 조작자에 의해 보장되어야 한다는 것이다. 그러나 정보처리 기술자들의 위계를 정치 엘리트들의 위계에 대치시키는 문제는 토론에서 다뤄지지 않았다.

이렇게 보면 이 참여주의적 주장은 새로운 것이 아니다.

브루스 빔버(Bruce Bimber)6)가 지적하고 있는 바와 같이, 현대적 통신 도구 덕분으로 시민 전체가 광범위하게 집단적으로 정치에 참여한다라는 이념은 바로 현대적 통신 도구가 생겨난 그 시기에 형성된 것인데, 인터넷은 이 현대적 통신 도구 중에서 가장 최종적이고 그리고 현재로서는 가장 찬란한 도구이다. 1930년대에 이미 조지 갤럽(George Gallup)은 무선전신이 진정으로 '제퍼슨적인 혁명'[이것은 민주주의의 옹호자이며 미국 정부의 창시자인 토머스 제퍼슨(Thomas Jefferson)의 이름에서 따온 것이다]에 기여할 것이며, 이를 통해 미국 국민들은 직접 민주주의의 장에서 미국 정부와 동등한 위치에 놓이게 될 것이라고 단언하였다. 단지 이후의 사태들을 통해 명백히 입증되는 바는 현대 기술이 정치적 토론에서 개인적인, 다시 말해 육체적인 참여를 대치할 수는 없다는 것이다. 무선전신과 마찬가지로 인터넷도 정치적으로 정의되지 않은 존재 양식, 공공의 문제들에 대한 명백한 무관심, 초기적인 도덕적 불만의 감정을 돌려놓음으로써 시민들이 공화국의 운명에 꾸준하고도 활발하게 참여하도록 바꿔놓을 수는 없다. 걸림돌이 되는 것

---

6) 산타 바바라에 있는 캘리포니아대학(Université de Californie à Santa Barbara) 서버로 배포된 논문인 「인터넷과 정치적 변형(The Internet and Political Transformation)」 참조.

은 기술적인 것이 아니라 무엇보다도 심리적인 것이다. 왜냐하면 그것이 무력과 완전한 고독이 지배하고 있는 정치 세계의 비전에 근거한 것이기 때문이다. 즉 이 세계에서는 마치 국민들의 이성적이고 올바른 선택이 영원히 충족되지 않은 채로 있어야만 할 것처럼 무력과 완전한 고독이 지배하고 있는 것이다. 다음으로 그 걸림돌은 형이상학적인 것이다. 사회적·정치적 현실, 그리고 타인들로 이루어진 외부 세계와 각 개인에게 고유한 행복은 본질적으로 우리가 그것에 대해 갖고 있는 생각, 그것을 일시적으로 구체화시키는 의지력과 동일하게 헤아릴 수 없기 때문이다. 결국 우리가 마음대로 할 수 있는 기술적 수단은 우리의 갈망을 실현시켜주는 것이 아니라 기껏해야 그것들을 변형시킬 수 있을 뿐이다. 실제로 우리가 정치 생활에 대한 활동적인 참여 요구에, 그리고 '직접 민주주의'란 개념에 충분한 주의를 기울인다면, 인터넷상의 장황한 이야기는 당연히 쓸데없는 객설같이 여겨질 수 있다. 그리고 그것이 재현해내는 아테네적 대중 의회의 환상은 그 자체로 하나의 대치된 환상일 뿐이다. 즉 결코 존재하지 않을 사회를 만들어내는 용기를 내지 않으려고, 결코 존재하지 않았던 그리스를 상상하는 것이다.

민주주의에 대한 이같이 다소 모호한 비전이, 자유주의

적 이론에서 예견되는 것들 중 본질적인 것이 되지 않을 수도 있을 것이다. 이 자유주의적 이론들이 민주주의의 기술적 장치들을 고안해내려 하고 있긴 하지만 말이다. 이 이론들은 어떤 공동체의 완성에 기여하고 있는데 여기서는 이 공동체의 이념, 그리고 이 공동체의 규범성의 본질에 관심을 기울여야 할 것이다. 왜냐하면 인터넷상에서의 담화 활동이 수평적으로 가지를 치고 있긴 하지만 **다형적이고 상승적인 권력의 패러다임을** 엿볼 수 있게 해주기 때문이다. 그렇다고 해도 이로써 전자 시민사회의 개념이 아직 충분히 한정된 것은 아니라고 반박할 수도 있을 것이다. 그렇게 할 수 있는 본질적인 이유 중의 하나는 개인의 토론 참여가 우선시됨으로써 토론해야 할 내용의 문제, 그리고 그러한 내용 선택을 좌우하는 범주의 문제가 설명될 수 없게 가려지기 때문이다. 이런 측면에서 개인들이 정치 일정의 주인이라고 말하는 것은, 그러한 일정이 늘 기획중에 있으며, 어떤 '객관적' 필요에 의해서도 결정될 수 없다고 말하는 것과 같다. 이런 의미에서 '정치 일정'이란 개념 자체가 모순인 것이 된다. 사람들이 끊임없이 이런저런 청원들을 되풀이하기 때문에 정치 활동이 그것에 적합한 수단과 방법의 모델로 환원될 수가 없기 때문이다.

반면에 다형적이고 상승적인 권력의 패러다임이란 개념

에는 사회적 도덕과 공존이 풍부하게 내포되어 있는데, 이 도덕과 공존을 한마디로 요약하면 '무례함의 시민적 형태'와 같은 것이다. 왜냐하면 인터넷의 실행을 통해 우리가 다 다르게 되는 것은 익숙하지 않은 공존의 양식이기 때문이다. 즉 행위자들의 거리와 현실 초월을 통해 우리는 정상적인 사회 생활의 구속에서 해방된, 함께 사는 방식에 도달하게 되는 것이다. 여기서 우리는 세 가지 종류의 결과를 엿볼 수 있게 된다.

첫번째로 타인에 대한 예절은 강제적인 것이 아니라는 점이다. 그것은 더 이상 타인의 권위와 사회적 지위를 상상함으로써, 즉 타인의 우월함에 대해 가질 수 있는 감정을 거쳐서 나오지 않는다. 이때 타인의 우월함은 우리가 자신 안에서 들춰내야 한다고 믿고 있는 나약함에 대립되는 것이다. 이런 의미에서 인터넷은 우리에게 우리가 습성에 의해 그리고 필요에 의해 다듬어졌다는 사실을 상기시킨다. 이때의 필요는 이제 자연스러운 것이 되어서 우리는 그것에 대항해 싸울 힘을 가질 수가 없는 것이다. 또한 우리의 예절이 강제된 것은 아니지만 대개 자유롭지는 않다는 사실도 상기시킨다. 그러나 인터넷이 숨기고 있는 무절제함이 어떤 것이건, 인터넷이 예의의 장소이기도 하다는 것이 사실이라고 한다면, 우리의 예절이 타인과의 비교에 종속되거나 대화 상대자들과의 기존 관계에서 비롯되는 것이 아니라 예절의 필요성에서 비롯된다는 것을 받아들여야 할 것이다.

두번째로 우리를 타인의 시선에서 벗어나게 함으로써, 네트워크를 이용한 통신은 우리를 시선의 도덕에서도 벗어나게 해준다. 내가 어떤 토론 광장에서 불현듯 내뱉은 어리석은 말이 수치심과 죄의식을 불러일으키는 것은 당연하다. 그로 인해 나는 괴로워하며 갑작스런 자각 속에서 자신을 비난하게 된다. 그러나 나는 수치심을 홀로 느끼고 있으며, 무력한 나 자신의 영상을 돌려보내는 것은 타인들이 아니다. 이들은 무관심하며 기껏해야 내가 '통신량이 폭주하는 주파수 대역을 차지하고 있는 것'을 보고 역정이 나 있을 뿐인 것이다. 달리 말하자면 우리는 스스로가 우리 자신의 행위의 판관이 되어버린 상황에 놓인 것이다. 이 행위를 우리는 우리만이 결정할 수 있는 어떤 행동으로써 승인할 수 있다. 역설적이게도 통신 현상에의 집단적 참여는 그 자체로 집단적인 행위들을 유발시키는 것이 아니라 그와 반대로 엄격히 개인적인 입장들을 이끌어낸다. 여기서 우리는 우리의 기술적, 사회적 책임 앞에서 완전히 혼자인 셈이다.

이런 점에서 세번째로 상승적인 가치 창조, 다시 말해 공존의 완성 양식에 대해 말하는 것이 가능해지는데, 이 공존의 원칙들은 (개인의 행위를 유발시키기 위한) 일반적인 것이 아니라 (공존의 행동들을 만들어내기 위한) 개인적인 것이다. 좀 과장해서 말하자면 니체적 인간 권력이 기술적으로 변형된 모습을 보게 된다고까지 할 수 있을 것이다. 이 니체적 인간은 자기 자신의 가치들을 창조하며, 바로 이 가치들을 통해 (여기서는 멀리 떨어져서) 자신을 맞아들이는 타인들 전체에게 자신을 내주는 책임을 맡고 있는 것이다. 분명한 것은, 네트워크상에서는 자발적 규제 현상이 매우 넓게 퍼져 있으며 어떤 '가치들'의 완성을 보여준다는 점인데, 이 가치들은 법에서 주체들로 내려가면서 완성되는 것이 아니라 개인들에게서 그룹으로 올라가면서 완성된다. 그것의 '객관적' 중요성을 반박할 수 없는 '네티켓' 자체는 기본적인 네트워크 활동을 종합한 결과이며, 네트워크를 발달시킨 장본인들이 조금씩 조금씩 함께 만들어내고 난 후에야 근본적인 법 기능을 수행할 수 있다.

결과적으로 자유주의적 가정 속에서 우리가 생각해낼 수 있는 것은, 사이버 민주주의의 전제들이라기보다는 삶의 어떤 규칙들이다. 이 규칙들은 영구불변히 축적되는 역사나 어떤 공동체적 행위에서 비롯되는 것은 아닐 것이다. 이때 공동체적 행위는 그것의 진리, 행위 자체에 대한 절대적 확신에 도달한 것처럼 보이지만, 근본적으로는 무엇과도 바꿀 수 없는 유일한 의지란 개념, 아마도 그만큼의 '공동 자아'로 이루어질 사회들 속에 포함된 이 개념의 제도적 결과에 지나지 않는다. 그러므로 서투른 말과 행동 속에서, 그리고 그 자체로 추상적인 자유(왜냐하면 그것이 더 이상 기존 권력을 통하지 않겠다고 주장하고 있기 때문에)에 대한 배려 같은 것을 통해서, 인터넷에 대한 자유주의적 비전은 우리에게 '네트워크 정치'의 의미를 밝혀줄 수 있는 것이다.

네트워크에는 개인적 규범들이 수렴되리란 전망이 함축되어 있다. 이 규범들 전체가 윤리적으로 중재되는 방식이 아니라 문자 그대로 갈등의 방식, 다시 말해 영원히 끝나지 않는 토론 방식으로 수렴되리라는 전망이 함축되어 있는 것이다. 어떻게 보면 여기서 문제가 되는 것은 각 개인이, 타인의 이상에 자기 자신의 이상이 어떻게 저항하느냐에 따라 자기 이상을 평가하는 것인 듯하다. 이렇게 해서 우리는 은유적으로 도덕적, 의무론적 '원칙의 마찰'을 이야기할 수 있을 것인데, 그 마찰은 상호 인지 과정과 저항 운동의 교대 현상으로 나타나며, 그 마찰의 영향하에서 인터넷 활동에 대한 진정으로 살아있는 규제가 실현된다. 단, 이 규제는 공간적이지는 않다. 인터넷에 보편적인 규범, 혹은 일시적으로나마 확고부동한 규범에 맞도록 다듬어진 부분들이 존재하고, 또 말로 형언할 수 없는, 돌이킬 수 없는 윤리적 혼돈에 빠진 다른 부분들이 존재하는 것은 아니다. 인터넷의 어느 한 부분은 지식의 교환에 할애되고, 또 다른 한 부분은 섹스의 암거래, 여자나 아이들의 인신매매에 할애된 것이 아니라는 얘기다.

이러한 조건에서 '규제'를 이야기한다는 것은 규제적 순간들을 환기시키는 것이다. 이때 규제적 순간들은 시간성, 그리고 행동 규범의 변이라는 이중적 의미를 지닌다. 인터넷은 '사이버 민주주의'가 어떻게 될 수 있을지를 미리 형상화해 보여주는 곳이 아니다. 왜냐하면 인터넷은 기술적 영역 주변에서, 혹은 '핏줄'이나 '문화'와 같이 동일성을 나타내주는 특성들을 통해서, 제법 많은 숫자의 '사이버 시민'들이 규범적으로 혹은 규범에 정해진 대로 동의하는 바에 따라 이루어지는 것이 아니기 때문이다. 운영 체제의 수가 지나치게 많으며, 이 운영 체제를 통해 우리가 공유하는 것은 그 누구의 정체성과도 관계가 없다. 인터넷 커뮤니티는 그것이 어떤 정도의 것이건 간에 참여자들의 동의로 이루어지기보다는 그들의 만남으로 이루어지며 바로 이 만남의 시간밖에 갖지 못한다. 그런데 이 만남의 시간에서 어찌할 수 없는 것은 그것이 너무 짧다는 사실보다는 계속해서 시간적일 수밖에는 없다는 것이다. 통신 세계는 거기에 조건부로 참여하는 개인들의 우연적인 움직임을 조절하는 우회와 충돌의 영향하에 끊임없이 형성되고 해체된다.

이제 이 같은 공동체적 비전이 어떤 면에서 정치 이론에 반대하고 반항하게 되는지 쉽사리 이해할 수 있게 된다. 그것은 이 비전이 상호작용의 자발적 규제라는 이념을 받아들이기 때문인데, 이는 각 개인이 자신의 전자적 존재에 가장 잘 맞는다고 생각하는 도덕적 규칙 혹은 시민성의 규칙들을 자기 수중에서 만들어 내겠다는 의미가 아니다. 그보다는 차라리 언어적 차원의 관심이 수렴됨으로써 틀림없이 행위들 또한 수렴될 것이며, 개인적·집단적 실행과 마찰에 따라 자연스럽고도 유동적인 네트워크 규제가 만들어지리라는 생각에서 그러하다. 바로 이 때문에 '규제적 순간들'을 이야기해야 하며 거기에다 비교 행동적 변이라는 개념을 결부시켜야 하는 것이다. 네트워크상에는 우리가 밀착되어 있는 전자 공간의 행동 규칙이 있다. 우리가 자주 드나드는 만남의 공간에 따라 분명 다른 태도를 지니고 다른 말을 한다. 놀이에 참여하는 것, 동료 연구자에게 편지를 쓰는 것, 볼테르의 『캉디드』를 재구성한 연극 공연에 참여하는 것, 이 모든 것은 사고의 편재성만을 요구하는 것이 아니라 바로 행위의 편재성을 요구한다. 또한 여기서 요구되는 것은 우리말을 전자적 흐름의 우연성이나 변화에 내맡겨버리지 않고 즉각 이러저러한 장식으로 치장하거나 여러 가지로 다듬을 수 있는 능력이다.

　우리는 여기서 이 같은 윤리적, 사회적 다형성의 구체적 형태들을 생각해볼 수 있다. 사이버 세계의 가상적 '도시'들을 방문하면서 우리는 컴퓨터 체계 사용상 몇 가지 양상의 기이한 경험을 하게 된다. 이런 경험이 무엇보다 윤리적·사회적 다형성의 구체적 형태들을 잘 보여주는 하나의 예증이다.[*] 어떤 사람들과 담화적, 심지어 감정적 관계까지도 가질 수 있는 가상의 '장소', '사이버 도시' 같은 것이 존재하는데, 우리는 그 사람들이 사용하는 이름과 그들이 차용한 성별밖에는 알지 못한다. 요컨대 몇 가지 언어적인 부대 현상과 '사이버 도시' 내에 그들이 일시적 혹은 반복적으로 존재한다는 것 말고는 실제적으로 아무것도 모르고 있는 것이다. 기술적으로, 그리고 단 하나의 신원으로 거기서 동시에 여러 가지 행위를 맡아 하는 것이 가능하지 않다면, 그리고 우리가 갖는 대화 상대자와 대화 형태에 따라 그 숫자만큼의 많은 도덕과 예절 규칙들을 그때그때 채택하는 것이 가능하지 않다면 이런 경험에는 아무것도 특별할 게 없을 것이다. 컴퓨터의 윈도우를 분할함으로써 우리는 만남이 실현되는 속도를 늦추며, 서로 아무 관련이 없는 공적·사적 대화를 동시에 맡아할 수 있게 되는 것이다.

이 같은 유희에서는 명백한 지적·도덕적 유연성, 그리고 자신을 확실히 분산시키는 것이 필요하다. 이 같은 유연성과 분산이 의미하는 바는 공통적인 삶의 규칙에 따른다는 것이 아니라, 자신이 창조해낸 복잡한 '존재적' 상황을 떠맡기 위한 규범들을 특별히 구성해낸다는 것이다.

이제 두 가지 자명한 사실을 받아들여야 한다. 첫번째로 받아들여야 할 사실은, 네트워크 커뮤니티의 규범적 원칙들이 아주 다양하게 표명되고 여러번 반복해서 나타나지만, 그래도 어쨌든 다음 두 가지 측면에서 보면 불명료함의 차원에 속한다는 것이다.

먼저, 그 원칙들이 일종의 관습 같은 것을 구성하기 때문이다. 다시 말해, 사용되는 규칙들의 효과가 어떠하건 간에 그 규칙들이 법의 형태를 갖지 않기 때문이다. 이 규칙들은 어떤 공적 질서에 따라 상호간에 유추될 수 없는데, 이때 이 공적 질서는 실상 재론의 여지가 있지만 어쨌든 알아볼 만한 것이다. 다음으로는 관습 자체가 유동적이고 태반은 '살아 움직인다'고 할 만한 것이며 그 내용이 계속해서 바뀌기 때문이다. 그리하여 가령 전자우편과 함께 발달한 상호 존중이라는 '불변의' 규칙은, 인터넷의 기술적 기능 양식이 바뀔 때 필연적으로 낡은 것이 되어버린다. 그것의 가장 두드러진 실례는 아마도 '웹'상에서 발달된 푸쉬 기술(push technology)[7]일 것이다. 엄정한 방식을 통해 보다 광범위한 고객들을 대상으로 선정하여 이들과 접속할 방법을 찾는 외중에서, 사기업들은 초기 인터넷의 참여적 논리와는 상반된 배포 기술에 상당한 투자를 하고 있다. 그리하여 개인들의 전자 구좌에 접속하려 하는 것인데, 이는 이 개인들이 긴급히 요청하는 바와는 무관한 것이다. 간단히 말하자면 자유에서 비롯된 윤리들이 서서히 실용주의적 자유주의 윤리로 변형된 것이다.

두번째로 받아들여야 할 사실은 네트워크 활동에 참여하는 구조가 그 자체로 공고히 다져져 있지 않다는 것 그리고 만일 '사이버 민주주의'에 대해 말하는 것이 허용되지 않는다면 그것은 실제로 네트워크 조직이 없기 때문이라는 것이다. 여기서 우리가 다음 두 가지를 혼동하고 있지 않음은 분명하다. 그 하나는 현재 인터넷의 물리적 구조 및 그것의 상업적, 기술적 관리인데 전세계적으로 그 같은 관리의 책임은 국제 네트워크 정보 센터(InterNIC: Inter Network Center)에서 맡고 있다.* 또 다른 하나는 인터넷상에 공존하는

---

7) 필요한 정보를 자동 검색하여 중앙의 컴퓨터에서 사용자의 컴퓨터로 전달해주는 새로운 방식 중 하나. 이용자의 요구와 상관없이 무조건 정보를 전달하는 단방향성 정보 배달 방식이 아니라 다양한 정보를 개인의 관심 분야에 따라 시간대, 주제별로 제공할 수 있는 양방향 통신의 웹 캐스팅이다(옮긴이).

커뮤니티들의 사회적·정치적 조직이라는 개념이다. 여기서 이 커뮤니티들은 그것의 유동성과 유연성으로 인해 그 전체와 단위를 파악할 수가 없다. 인터넷은 시민사회가 아니라 문명화한 사회이다. 거기서 존재하는 규칙들은 확산되거나 계속해서 변형되지만 그것들을 전달하는 담론에 의해서만 존속될 뿐이며, 각각의 개인들이 자기네가 접속하는 네트워크 전체와 맺는 관계 외에 다른 어떤 구속 효과도 갖지 못한다.

이런 의미에서 우리는 '간섭주의자들'이 네트워크의 무질서라 생각하며 그것에 맞서 벌이는 싸움이 통신적 관점에서 보자면 완전히 부적절한 것임을 이해하게 된다. 왜냐하면 이 싸움이 그 전제로서 '가상적' 커뮤니티의 관점보다 '현실'의 관점을 우선시하고 있기 때문이다. 사실 규제적 간섭은 그런 식으로 자신들이 입헌적 기구인 양하려는 협회들이나, 아니면 전반적인 정보 통신 도구의 제어에 여러 가지로 많은 관심을 갖고 있는 정부로부터 나올 수가 있는데, 그 어느 경우에서건 이 규제적 간섭은 어떤 세속적인 논리에 근거하고 있다. 그런데 이 논리는 통신에 관한 것이 아니며, 담론과 해석 사이의 관계가 아닌 기존 권력들간의 관계에 관한 논리이다. 따라서 인터넷은 어떤 권력의 장소가 될 수도 있는데, 권력이 이 장소를 차지할 때는 그 이유를 설명해주어야 할 것이다. 이런 점에서 인터넷 자체에 서로 갈라지는 부분이 존재한다고 할 수 있는데, 이 부분은 근본적인 것은 아니지만 계속해서 커지고 있다. 이로써 이상적이고 풍요로운 인간 공동체의 표상을 지향하는 순수히 담론적이고 '이해관계와 무관한' 네트워크의 용법이 분리된다. 그런데 이 인간 공동체는 다음과 같은 유동적이고 변화하는 준칙들의 지배하에 놓여있다. 즉 통신 도구를 '현실적'으로 소유해야 한다는 것, 그리고 경제적·사회적 현실에서 요구되는 바나 다양한 그룹과 정부의 이해관계를 최대한으로 따라야 한다는 등의 준칙이다.

이것은 확실한 사실이지만 여기에는 네트워크의 세계를 자기 것으로 삼으려는 경제적·정치적 조직들에 대한 앞으로의 비난이 함축되어 있지는 않다. 왜냐하면 이 조직들은 그 나름대로 제한적이기는 하지만 정연한 힘의 논리를 지니고 있기 때문이다. 그것은 다음과 같은 두 가지 측면에서이다. 첫번째로 경제적·정치적 조직들이 특히 통신 차원에 접근할 때는 정치 문제를 제쳐놓겠다는 입장을 취하고 있기 때문이다. 이것은 개인의 말의 효과를 기술적으로 계수화하는 것이 불가능하다는 이유로 개인의 표현과 행위가 갖는 사회적 가치를 생각하는 데 있어서의 지극히 현실적인 어려움을 극복할 수 없는 장애로 변형시켜버리는 것이다. 달리 말하자면 '사이버 민주주의'의 문제는 객관적으로 그것의 기술적 해결이 불가능해 사전에 해결된 것과 같다는 뜻이다.

규제적 권력의 힘은 다음 두 가지 사실에서 비롯된다. 이 권력은 이미 형성되어 있으며 단번에 그 힘의 영역을 차지해버리는데, 이는 당연히 권력이 잘 이해하지 못하는 인터넷의 영역을 에워싸기 위한 것이다. 그리고 그 권력이 어찌 보면 원칙적으로 눈이 멀어 있는데, 이는 권력이 보다 정당한 것이어서라기보다는, 그것이 가지고 있는 해석학적 도구들이 대규모의 통신 커뮤니티라는 개념 자체와 역행하는 것이기 때문이다.

두번째로 인터넷을 '현실주의적'으로 파악한다는 것은 바로 인터넷을 그것의 기술성으로 환원시키는 것이다. 다시 말해, 특히 영상과 소리를 이용할 때 말하는 도구들의 속도가 떨어지는 것, 그것과 관련하여 통신량이 많은 주파수 대역의 개선만을 고려하는 것이다. 권력의 논리는 행위, 기계들의 구축, 조직, 그 기계들의 충분한 수익성의 논리이다. 또한 설득력 있는 효율성의 논리, 그와 관련한 규제화의 논리인 것이다.

이로써 인터넷이란 개념을 그것에 함축된 기술적 가능성들로 환원시키면서, 네트워크 정치에 대한 요구를 네트워크에 대한 정치의 요구로 대치시키려 할 수도 있을 것이다. 또한 인터넷의 용법을 더 이상 상상력과 해석의 규범이 아닌 규범, 그것과 동떨어지고 이질적이기까지 한 경제적·사회적 우연성의 규범, 도덕적·종교적 혹은 문화적 규범에 종속시키려 할 수도 있을 것이다. 실리적 현실주의에서 인터넷은 하나의 합의 도구일 뿐이다. 즉 그 자체로는 의미가 없지만 그것의 정보처리 과정, 소프트웨어 처리 과정을 통제할 수 있는 자들의 권력을 증대시킬 수 있는 그런 도구, 한마디로 말해 기술주의, '테크노크라트의 천국'인 것이다.

2
부의 도구들

네트워크의 폭발적인 발전은 우리에게 새로운 시대를 열어주었다. 이러한 새 시대의 특징은 더 '탈중심화되고 좀더 많은 시장 가능성을 지니며, 개인에게 좀더 많은 자유와 기회 그리고 선택권과 생산성을 부여하고, 마지막으로 국가적 통제는 더 줄어들 가능성이 있다는 것'이다. 이는 미국회 대변인인 뉴트 깅그리치(Newt Gingrich)가 진보와 자유 재단(Progress and Freedom Foundation)*을 위한 연설에서 한 말인데, 그는 그 연설에서 이 같은 말로써 네트워크와 거기에서 제기되는 관건들에 대한 '현실주의자'로서의 설명을 인상적으로 요약하여 제시하였다.[1] 그는 인터넷을

----

1) David Shenk의 『데이타 스모그』(San Francisco, Harper, 1997,

전체적으로 보아 대중의 진보와 교육을 위한 수단 같은 것으로 정의했다. 이때의 대중은 언어행위를 통해 자유를 되찾고, 또 개인의 경제적 사회적 지위가 확고해짐으로써 그 격이 높아질 수 있을 것이다. 이 점은 콩도르세(Condorcet) 후작[2]의 정치학적, 교육학적 주제를 현대적으로 변용한 것이라고도 할 수 있다. 하지만 여기에서의 대중들이란 결국 생산적인 대중들일 뿐이며, 인간의 궁극적인 목적 역시 정의의 이상으로부터 경제적인 번영의 의무로 자리바꿈했을 뿐이다.

사실, 지금 우리는 절대자유를 보장하는 사이버 민주주의의 보편적인 꿈에서 무척 멀리 떨어져 있다. 즉 복잡하게 얽힌 담론들을 통해 그 자체로, 진정한 가상도시 내에 인간 상호작용의 정연한 질서를 만들어낼 수 있는 통신 세계에서 멀리 떨어져 있는 것이다. 자유의 개념이 '현실주의적'으로 변용된다는 것은, 그후로 이해관계와 상거래가 얽힌 사회, 즉 한 마디로 상업사회로 이해되어야 할 어떤 사회로 간다는 것을 뜻한다. 하지만 현대사회가 실제적으로 그러

p.174)에도 동일하게 인용됨.
2) 18세기 프랑스의 철학자, 수학자이자 정치인. 프랑스 대혁명시 국민의회 의원으로서 공공 교육개혁안을 제안했다. 과학의 무한한 발전을 확신했던 그는 인류의 도덕적, 지적 진보가 적절한 공교육을 통해 이루어질 수 있다는 견해를 피력했다(옮긴이).

한 상업사회이거나 아니면 점차적으로 그러한 사회를 지향하고 있다는 것을 알고 있는 바에는 그러한 생각이 별 독창적일 게 없다. 반대로, 이렇듯 엄격하게 경제적·사회적인 접근을 시도함으로써, 우리는 다음 두 가지를 이해할 수가 있다. 즉 어떻게 해서 네트워크 정치에 대한 해석의 문제가 네트워크의 이용에 대한 실증적이며 비판적인 표상에 무조건적으로 자리를 내주게 되는지, 그리고 그것이 시장법칙과 국제경쟁의 맥락 속에서 어떤 식으로 다시 자리매김되는지를 말이다.

자유의 행사를 생산성의 요구와 경제적 자아의 확립이라는 사회적 이상과 결합시킬 때, 이러한 논의는 네트워크의 객관주의적 형상을 드러내게 된다. '세계'의 논리는 사실의 논리이다. 그러한 논리는 객관적이기 때문에 가상적인 담론들의 차원에 만연해 있는 특별한 혼란에 관심을 기울일 필요가 없다. 게다가 절대자유라는 혼란스러운 이데올로기에서 벗어난다는 것, 그리고 네트워크 이용자들의 집요한 요구들을 차단한다는 것, 그것은 우리에게 다음과 같은 사실을 확인시켜줄 뿐이다. 즉 이 세계의 속성상, 우리는 개인적 또는 집단적 생산성이란 목표 외에 다른 목표를 가질 수 없다는 것, 그리고 경제 분야를 규제하려는 대주체들과 공권력이 법적으로 상호작용하는 속에서 인터넷 전체를 통제하려는 계획은 생산성이란 목표에 수렴될 수밖에 없다는 것이다.

그런데 현실적으로 거기에는 이중의 신비화 과정이 생기기 마련이다. 첫째는 '가상적'이라고 말해지는 세계들이 '비가상화'되는 것이다. 즉 그러한 세계들이, 일반적인 인간 사회 현실의 이해를 주관하는 모델들과 똑같은 모델들에 의거해 표현되고 있는 것이다. 인터넷은 특수한 실행 공간을 구축하는 것이 아니라, 단지 자동차산업이나 전자산업 등과 같은 경제적인 도구일 뿐이다. 그렇기 때문에 대중이 모든 종류의 정보를 마음대로 사용하는 것은 대중에게 제공된 하나의 서비스로 이해되어야 한다. 이러한 서비스는 무료이거나 비영리적인 기구들(예를 들어 몇몇 큰 도서관이나 정부조직)에 의해 제공될 수도 있고, 많은 사기업이나 혼합경제기업이 하듯이 대여비의 명목으로 돈을 받을 수도 있다.* 그러나 실제적인 판별기준은 서비스들이 유상이냐 무상이냐가 아니라, 정보가 하나의 서비스로 인식되느냐 하는 것이다. 인터넷이 '성숙한 단계'에 도달하게 되면 그것은 이제 더 이상 어떤 프로젝트나 아이디어를 다듬는 장소가 아니라, 그러한 아이디어들을 통해 만들어진 생산품들을 전시하고 공시하는 곳으로 변화된다. 하지만 이 경우, 이 생산품들의 광고가 주목적은 아니다.

　전통적으로 모든 정치적 문제들에서 관심의 초점이 되었던 것은 표현의 자유 원칙, 특히 문화적 분야에서 개인의 자유로운 재량권이었다. 그런데 그 다음 결과로서 이러한 정치적 문제들 자체에 대한 접근이 다른 범주의 도식에 의해 이루어지고 있으며, 또한 철두철미하게 지적 재산권에 대한 시장가격의 문제나, 재정적 거래 또는 소유주의 정보들을 확실하게 보호하는 문제와 결부되고 있다. 이렇듯 인터넷이 슬그머니 이타적이고 아무런 이해관계도 없던 본령으로부터 돌아섬으로써, 그 이미지는 철저하게 경제적인 논쟁 주변에 고착된 듯이 보이게 된다. 네트워크는 이제 더 이상 폭넓은 의미의 지평을 향해 열려있는 것처럼 보이지도 않으며, 시민사회나 정치사회의 열망들이 진지하면서도 유희적으로 표현되는 특정 장소처럼 보이지도 않는다. 오히려 차츰차츰 돌이킬 수 없이 구속력이 강화되는 상거래의 장 같은 것이 되고 있다. 이와는 대조적으로 우리는 최초의 네트워크 이용자들이 느꼈을 짜증스러움이나, 또는 자신들의 전자우편함이나 네트워크가 광고로 넘쳐나는 것을 피하기 위해 그들이 펼쳐보인 그 정교한 재능을 마치 '먼 나라의 일'처럼 느낄 수도 있다. 사실 네트워크상에서 영상이 자동으로 읽히는 기능을 정지시킨다든가, 일정 범주의 메시지들을 받지 못하게 하기 위해 '여과장치'를 넣거나 하는 것은 쉬운 일이다. 그런데 신경에 거슬리는 것은 이러한 '깃발들', 즉 결국에 가선 네트워크를 혼란스럽게 만들고 마는 광고들이라기보다는, 이러한 광고들이 보여주는 인터넷의 일반적인 표상이다. 이러한 광고들이 보편화되면서, 인터넷은 통신공간 일반에 걸친 의미 있는 현상이라기보다는 하나의 '도구'로 이해되고 말았다. 왜냐하면 통신 공간이 담론의 경계 및 인터넷의 경계에 의해 규정되는 것인데 반해, 도구는 그 자체가 목적이 아니라, 그것에 정해진 구속들에 따르는 것이기 때문이다. 도구란 그 자체가 자의적으로 정해진 기능들을 수행하기 위해 정해진 방식으로 고안된 것이다. 이러한 측면에서, 1997년 6월 말에 미국의 클린턴 대통령과 고어 부통령에 의해 제안된 「전세계 전자 상거래의 기본틀(Plan de travail pour un commerce électronique global)」을 읽어본다는 것은 무척 흥미로운 일이다.[*] 거기에서 인터넷은 냉장고나 세탁기와 같은 '일상 생활 도구'로 지칭되고 있다.

그 결과, 네트워크의 작동 규칙들이 기술자나 선구자들의 낡아빠진 귀족주의적 관례에서 나온다기보다는, 말 그대로 현대 세계를 '기술정치'적으로 표상하는 데서 비롯된다고 생각하는 것이 거의 당연하게 되었다. 그런데 세계를 이런 식으로 표상하게 되면, 이 세계의 새로운 컴퓨터 구성

시스템에 내포된 경제적 예측들을 그 시대가 지닌 사법적 형태의 전통에 결합시킬 수 있게 된다.

네트워크에 대한 '현실적인' 해석은 네트워크 자체에만 가해지는 것은 아니다. 이러한 해석은 결국에는 세계 및 그 것의 구속에 대한 기술적 이해, 특히 현대의 경제, 사회 조직들의 중추를 구성하는 역학관계에 대한 생각을 중심으로 구체화된 것이다. 이렇듯 표현의 자유라는 고전적인 사고를 자아의 사회적 확립이라는 미명하에 생산의 논리에 연결시킴으로써, 인터넷에 대한 '현실주의적' 접근은 그 선구자들의 '혁명적인' 정신에서 제기되었던 관심과는 근본적으로 동떨어진 문제들을 야기시키게 된다.

왜냐하면 인터넷의 도구화가 진정한 탈정치화 과정의 성격을 띠게 되기 때문이다. 그럴 경우 중요한 것은 인터넷에 내포될 수도 있는 공동체적 '비전', 우리가 곧잘 언급을 회피해온 모호한 민주주의가 아니라, 그것을 통해 얻을 수 있는 사회적·경제적 이익, 거리의 단축과 시간으로부터의 해방이 가져다준 '성장'이 되고 만다. 인터넷은 밤과 낮의 교차, 노동과 휴식의 리듬을 무색하게 만들었고, 주목할 만한 경제적 이익을 기대할 수 있는 기능적 연속을 창조해냈다. 기업들은 전세계적으로 홍보할 수 있게 되었고, 밤이건 낮이건 주문을 보내거나 등록할 수 있게 되었으며, 또한 자신의 대리인들이 흔히 말하듯 '융통성 있는' 방식으로 편리한 시간의 리듬에 따라 그들의 일을 수행하도록 할 수 있게 되었다. 그들의 생산성에 변화가 생기는 것이 아니면서도 고용으로부터 극도로 해방된 느낌을 덤으로 갖게 된 것이다.

이러한 맥락에서 네티즌이라는 개념은 분명 그 효력을 상실하게 된다. 왜냐하면 이제는 사람들이 가입해 있는 커뮤니티의 조직과 관리에 동참하는 것이 문제가 아니기 때문이다. 단지 네트워크의 활용, 그리고 네트워크가 창출해낼 수 있을 경제적 번영과 산업적 투자의 관계에만 관심을 쏟아야 할 뿐이다. 이리하여 우리는 인터넷에 관련된 도덕적 가치개념의 진정한 '변화'에 직면하게 된다. 또한 인터넷의 궁극적 기능이 노동 대중의 후기 산업사회적 해방이라는 측면에서, 인터넷의 미래에 대한 윤리적 윤곽이 그려지면서, 순수하게 기술적인 목표가 이데올로기적인 충격 없는 진부한 휴머니즘으로 변하는 것도 지켜볼 수 있다.

현실주의적이고 간섭주의적인 시각에서 인터넷에 접근함으로써, 우리는 그것의 재원에 대한 이론적이면서도 이치에 맞는 비전을 창출해낼 수 있다. 또한 인터넷의 새로움을 경제 생활의 객관적인 틀 안에다, 그리고 이 경제 생활을 특징짓는 국제 경쟁의 중심부에다 통합시키려는 노력도

할 수 있게 된다. 따라서 이러한 접근은 어떤 규제적 노력으로 나타나게 되는데, 우리는 여기서 세 가지 중요한 방향을 확인하게 된다. 첫째 쉽게 알아볼 수 있는 인터넷의 해석 모델을 제작하는 것, 둘째 경제활동과 국제교류를 전담하는 정보기술을 활용하는 것, 여기에는 특히 경제생활의 새로운 조건에 맞는 조세제도를 통해 지속적으로 네트워크를 행정적으로 통제하는 것이 필요하다. 마지막으로 기업가들 상호간의 관계, 특히 기업과 기업 간이나, 기업과 개인 간의 상업적 관계를 재조직하는 것이 그것이다.

「방쥬만(Bangemann) 리포트」(1994)

기업가들이 네트워크를 능숙하게 다루기 위해서 필요한 것은, 그것에 유리한 정신적 성향과 일련의 운 좋은 기회들이 아니다. 그보다는 인터넷과 인터넷의 작동 논리에 잠재적으로 함축되어 있는 호기(好機)들이 전체적으로 심화되어 나타나야 한다. 예를 들어 프랑스에서는 공권력이 이 점을 잘못 생각하지 않았다. 1997년 봄, 파트리스 마르탱 랄랑드(Patrice Martin Lalande)가 수상에게 제출한 「인터넷 보고서」에서는 다음과 같은 것들의 필요성이 아주 명백히 강조되고 있다. 첫째 인터넷이라는 '프랑스에 대한 중대한 도전'에 곧바로 응수할 것과, 둘째 '정보사회와의 중대한 랑데부를 놓치고 싶지 않다'면 사적인 그리고 공적인 권력의 장벽을 생산적으로 철폐할 것을 촉구한 것이다.[*]

그런데 1993년 12월 초부터 유럽 의회(le Conseil de l'Europe)는 다양한 방식(전화나 정보과학에 의한)을 통한 정보의 유통이 유럽 공동체와, 그것의 사회 경제구조에 미치게 될 영향에 대해 우려를 표시하기 시작했다. 그리고 '일군의 저명인사들'에게 유럽 의회가 네트워크에 대한 엄정한 정책을 규정지을 수 있도록 일련의 '권고안'이 첨부된 보고서를 준비해달라고 요구하였다. 이 보고서는 1994년 5월 26일에 제출되었고, 정보통신 산업기술 부문 위원회(Commission des affaires industrielles et des technologies de l'information et des télécommunications) 소속인 마르탱 방쥬만(Martin Bangemann)의 이름을 따서 「방쥬만 리포트」라고 명명되었다.[*]

이 보고서에서 중점을 두고 있는 부분은 인터넷 그 자체가 아니다. 인터넷은 그것의 단순한 계기일 뿐이다. 그보다는 정보의 유통과 그것의 결과로 나타날 사회적 특히 경제적 세계화이다. 바로 이것이 이 보고서의 관심사였다. 왜냐하면 네트워크는 그러한 방식으로 사회에 대한 보편적인 비전, 그 사회의 현대성이 장차 어떻게 될 것인가 하는 데 대한 보편적 비전 속에 통합될 것이고, 아울러 유럽 공동체 국가들의 공공정책의 방향을 인도하게 될 원칙들과 관계를 맺게 될 것이기 때문이다. 인터넷의 관점에서 이 보고서가 가지는 중요성은 다음과 같은 점에 기인한다. 즉 이 보고서는 한정된 기술에 대한 고찰이 아니라 — 왜냐하면 원칙적으로 기술의 원천이 빠른 속도로 진보하고 있다고 상정하고 있기 때문에 — 정보기술이 세계인과 유럽인의 생활에 미치는 효과에 대한 성찰을 보여주고 있는 것이다. 이렇듯 이 보고서는 미래를 전망하는 텍스트이다. 여기서는 국가 활동의 존립 근거가 될 수 있는 확신이 드러나고 있으며, 유럽 공동체의 경제·사회적 발전 조건들에 대한 논리적인 신념이 담겨져 있다.

그러한 것들을 주축으로 하여 이 보고서는 정보 사회의 목표들이 근본적으로 무엇인지, 그리고 어떤 종류의 기술적인 문제를 유발시키는지 이해할 수 있게 해준다. 본질적으로 정보화한 데이터들의 자유로운 교환과 관련된 사회의 역동성은 시장법칙의 지배를 받으며, 아울러 그 사회가 제공하는 기회들, 그리고 그 기회들을 활용할 수 있도록 그 사회가 개인과 기업들에게 인정한 자유에 의해 규정된다. 왜냐하면 정보사회가 문제시된다고 할 때, 그 정보는 있을 것이라고 가정되거나 기대되는 것이 아니라, 실제적으로 살아 움직이는 것이고 또한 어느 정도 '도처에 존재하는' 것이기 때문이다. 사실상, 인터넷은 적어도 정확히 정보와 관련된 형태에 있어서는 분명 기하학자의 연구 계획에서 나온 산물이 아니다. 또한 인터넷의 기원이 전적으로 군사적인 것이었다는 점을 차치하고나면, 인터넷은 담론의 내용과 소비재들(예를 들어 소프트웨어, 음악, 비디오 그래픽으로 나타낸 이미지나 시퀀스[3] 등)을 전달할 수 있게 해주는 응용 프로그램의 이용이 증가됨을 의미할 뿐이다. 그 자체로서 인터넷은 인터넷의 발달과 동일한 의미를 지닌다. 즉 자신보다 먼저 존재했을 수도 있는 정보들을 전달해주는 도구가 아니라, 그것의 이용이 증가함에 따라 증가하는 정보 그 자체인 것이다.

정보의 문제점을 제대로 제기하는 것, 그리고 그것을 시장법칙들의 범위 내에서 제기한다는 것, 그것은 동시에 두 가지의 일을 하는 것이다. 문제가 되는 것은 '함께 사는 삶'의 차원이라는 점을 이해하는 것, 그리고 함께 살기를 원하는 사람들에겐 협력이냐 합병이냐의 양자택일이 제기된다는 것을 이해하는 것이다. 「방쥬만 리포트」는 아주 분명하게 유럽의 '합병'을 주장하고 있다. 즉 국가들간의 긴

---

3) 디지털화된 정보들의 나열(옮긴이).

밀한 협력과 그 정책 및 법률의 연합을 주장하고 있는 것이다. 이것은 전체적 '전략'을 규정하기 위한 것이지, '단편적인' 조처들을 확대시키자는 것이 아니다. 이 보고서의 이론적인 공리는 이렇듯, 국제적인 차원에서 힘을 행사할 수 있고, 통신 도구들을 통제하면서 주변 세계를 이끌어갈 수 있는 유럽 블록4)을 형성하는 것이다. 그러기 위해선 '적절한' 법규를 제시하고 그 속에서 관용과 정의, 개인에 대한 존중이라는 오래된 전통을 따라야 한다. 물론 엄정한 실정법의 틀 속에서 말이다.

첫번째 요점으로서, 이 보고서는 정보도구들과 생활방식—문제가 되는 것이 엄밀한 의미에서의 노동이건 또는 여가활동이건 간에—간의 상호 관련과, 또한 좀더 근본적으로는 정보가 '도처에 존재하게 됨'으로써 열려진 문화적 지평에 그 주안점을 두고 있다. 여기에서 아주 특이하게 인터넷과 관련된 하나의 진실이 도출된다. 정부조직들이, 네트워크가 제공해주는 극도의 호기를 이용하여, 그리고 정부조직 자체가 이 네트워크를 사용함으로써 국민들의 눈에 본보기가 되어 주고 또 확신을 심어 주어야 한다는 것이다. '정보적인 삶'은 '개인과 사용자, 조합, 그리고 정부 간의

4) block, 정치나 경제상의 목적을 위하여 결합한 단체나 국가 등의 집단(옮긴이).

파트너 정신'을 필요로 한다. 그런데 이는 그 궁극적 귀결점이 아직도 미지수로 남아 있는, 어떤 '혁명'의 여러 발전 단계 전체를 관리하기 위한 것이다. 어떤 식으로는 다음과 같은 말을 하려는 것이다. 즉 정보의 전달 수단이 하나의 도구일 뿐이라 해도, 그것은 더 이상 우리가 그 목적을 기술적으로 규정할 수 없는 도구들이며, 혹여 우리가 그 도구들에 기술적인 목적을 부여해줄 수 있다 해도 이는 단지 오류에 의한 것이며 또한 그 도구들을 더 잘 이해하지 못했기 때문인 것이다.

이것이 결정적으로 중요한 점이다. 일반적인 정보 도구들과 전체 정보화 현상을 가속화시키는 것 같은 인터넷 자체를 통해 다음 두 가지 사이의 불연속이 드러난다. 즉 기술적으로 현대 사회의 미래를 예견하기 위해 우리 수중에 지니고 있는 이해수단들, 그리고 그 안에서 갑자기 펼쳐지는 열망과 꿈, 관례들의 '유기적인' 발전 사이에서 불연속이 드러나는 것이다. 두번째 요점은 규제조치들의 '합병'과, 그에 따른 실행들의 융합 및 문화들 간의 상호 연결과 관계된 것이다. 여기서 주목해야 할 것은 다음과 같은 어려움이 존재한다는 것이지만, 「방쥬만 리포트」에서는 어려움만 지적되고 있을 뿐 그 해결책은 제시해주지 못하고 있다. 그 어려움이란 정보 차원에서 '유럽 블록'의 미래를 예견할 때, 이 보고서의 저자들이 국가적 경계뿐만 아니라 — 이런 표현이 가능하다면 — '초국가적(transnational)' 경계까지도 사라지리라는 논제와 부딪치게 된다는 것이다. 유럽 공동체 소속 국가들의 국가로서의 존재가 사라지게 되는 것이 아니라, 유럽 자체가 대륙상호간의 통합체 속에서 녹아 없어진다는 것이다. 이런 측면에서 유럽이 세계의 다른 국가들에게 관용과 휴머니즘이라는 교훈을 주어야 한다고 하더라도, 네트워크의 폭발로 인해 더 이상 '소유주'로서 법적인 모델을 제공해주면서 그렇게 할 수가 없는 것이다. 왜냐하면 데이터들이 문자 그대로 통제불능으로 유입됨으로써 소유권이라는 개념 자체가 문제시되기 때문이다. 초국가적인 네트워크 위로 물결처럼 퍼지는 정보 데이터들은, 이러저러한 법전들에 대한 도전이 아니라, 합법성의 원칙 자체에 대한, 그리고 자유의 행사와 법의 관계라는 원칙 자체에 대한 도전이다. 어쨌든 우리가 네트워크를 도구 같은 것으로 받아들이는 한 이러한 목적과 현실, 기술 입법상의 질서와 정보통신의 혼란, 이들 사이의 모순은 분명 피할 수 없는 것이다. 네트워크를 그 주된 목적인 경제적·사회적 발전인, '새로운 산업혁명'의 출현을 의미하는 도구로 받아들이는 한에서는 말이다.

그런데 유럽 당국들이 규제에 대한 배려를 하는 와중에

서 밝혀진 모순들이, 세계적으로 중요한 현상에 대한 근시안적인 견해를 드러내지는 않는다. 이 모순은 그보다는 네트워크에 대한 도구적 비전의 한계가 되며, 그것의 이론적인 불가능성을 보여준다. 「방쥬만 리포트」는 그러한 불가능성을 엄정하고 명백하게 공식화시켰을 뿐이다. 네트워크가 무엇보다도 전문적이며 자기소유적인 실행 전체를 보지 못하도록 차단하고 보장하는 수단이 되어야 한다면, 우리는 어쩔 수 없이 입법체계 사이의 극복할 수 없는 불일치 및 정신과 문화의 다양성에 맞부딪치게 되는데, 이에 대한 유럽 블록의 건설은 기껏해야 문제의 층위를 현저하게 바꿀 수 있을 뿐, 근본적으로 문제 자체의 본질을 바꾸지는 못하는 것이다. '세계 입법'을 기대할 수 없다면, 모든 규칙들은 단편적이고 분파적으로 변하게 되고, 경쟁관계이건 동업관계이건 간에 파트너의 이해관계로 되돌아가게 된다. 그러므로 법이론에 있어서는 다음과 같은 매우 일반적이며 고전적인 어려움을 받아들여야 한다. 즉 국제법과 국가법의 관계상의 어려움, 그리고 특히 원칙적으로 폐쇄적인 법령 규정 내에다가 자유로운 결정권을 가진 파트너들 상호 간의 만남과 개방을 통해 나온 규칙들을 통합시키는 데 따른 어려움이 그것이다. 유럽 차원에서 이러한 문제는 법전문가들의 수준에서 국가 법제들 내에 '강령'들을 통합하는 문제와 조정되기 매우 어렵다. 유럽을 네트워크에 노출시킬 경우, 이러한 문제는 더 어렵게 된다. 여론과 헌법조문들이 정치 경제 당국에 행사하는 구속들이 늘어나고, 법제들과 여러 다른 시각들이 늘어나게 되기 때문이다.

바로 이런 이유 때문에 어떤 국가들의 최상 계층에서는 인터넷이 규제의 히스테리를 일으키는 원인이 되고 있는 것이다. 이는 네트워크 전체를 떠맡으려는 성급한 욕구이지만 본질적으로 충족시킬 수 없는 것이다. 사실 네트워크의 규제관리에 대한 요구는 절대적으로 필요하며 더 이상 문제삼을 필요가 없는 것처럼 느껴진다. 아울러 용인할 수 없는 네트워크의 기능적 자발성을 감시, 통제, 검열하기 위해서 가장 강력한 조치들이 고려되고 있다. 사람이건 단체건 간에 인터넷에 접속할 수 있는 주체를 지정한다던가[독일에서 컴퓨서브(Compuserve)는 불법적이라고 판정된 몇몇 내용들에의 접속을 차단할 수밖에 없었다], 국제 네트워크의 몇몇 부분이나 전체의 접속을 막아버린다던가, 전자정보에 대한 여과나 검열을 하는 등의 방법이 있다. 하지만 설사 유럽 공동체 국가 위원회가 모두를 만족시킬 수 있는 규제의 동의안을 내놓는다 하더라도, 여전히 아프리카와 아메리카, 아시아와 오세아니아를 이에 통합시켜야 하며 게다가 동등하게 무료로 그 혜택을 누릴 수 있게 해야 한다는 문제가 남는다.

흘러다니는 돈

인터넷을 단순한 도구로 바라보는 시각은 사실 매우 모호한 것인데, 여기에는 인터넷의 현실을 받아들이는 두 방식, 아주 근본적으로 대립되는 두 가지 방식이 숨겨져 있다. 그 중의 하나는 엄격한 통제이다. 이러한 통제는 때로는 접속 제공자에게 신중히 위임되는데, 이는 자유와 그것의 상관항으로서의 책임이라는 공화국적 이상에 대한 무리한 입장에 따른 것이다. 다른 하나는 쓸모 없고 불필요하며 질이 낮은 정보를 자율적으로 제거한다고 여기는 시장법칙에 대한 단호한 신뢰이다. 순수한 의미에서의 자유경제주의와 엄격한 행정 간섭주의가 부딪치게 될 논쟁 속으로 뛰어들지 않더라도 다음과 같은 사실은 명백해보인다. 즉 네트워크를 동일하게 객관적으로 재현하는 입장에서 그것의 두 양상을 구체화시키고 있는 이 두 태도들이 텔레메틱[5]의

5) 통신(telecommunication)과 정보(informatique)의 합성어로 통신과 컴퓨터의 융합과 그에 의하여 야기되는 사회적 변화를 종합적으로 가리키는 말이다. 1978년 1월 프랑스의 재무심사관 S.노라 등이 대통령에게 제출한 '사회의 정보화'라는 보고서에서 처음으로 사용한 말이다. 보고서에는 텔레메틱의 사회적 영향으로서 행정의 지방 분권화, 자동화에 의한 실업의 증대, 국제면에서는 세계 컴퓨터 시장에서

실행 전체에 미치는 효과는 서로 다르다는 것이다. 자유주의의 측면에서는 인터넷의 상업적 침몰이라는 위험에 부딪치게 된다. 물론 이러한 위험은 아직 가설에 불과하며 게다가 전혀 치명적일 게 없다. 간섭주의의 측면에서는 네트워크의 자원을 행정이 임의대로 사용하는 문제와 네트워크의 폐쇄라는 문제에 휘말리게 된다.

좀 인위적이긴 해도, 이러한 자유주의와 간섭주의의 구별은 실제적으로 편리한데, 왜냐하면 인터넷에 대한 협소한 기술자주의적 시각을 격하시킬 수 있도록 해주기 때문이다. 사실 그러한 시각의 권력 효과를 무화시킬 수는 없지만 말이다. 네트워크를 허가받은 협소한 영역에서만 이용할 수 있도록 제한하려 하는 이 같은 기술자주의적인 시각, 통신의 유통에 대한 행정적 사법적 통제를 위해 정보처리 기술을 사용할·것을 전제로 하는 이러한 시각은 네트워크의 진정한 본질, 그리고 네트워크가 전체 접속자들에게 드러내는 '위험'들에 대한 심각하면서도 결정적인 오해를 드러낸다. 반면 네트워크를 맹목적으로 탐색하는 자유주의에는 아이디어의 개발, 어떤 창조작업의 가능성이 내포되어

의 IBM 사의 압도적 시장점유율, 데이터베이스의 미국 집중에 의한 미국에의 예속화가 우려된다고 지적하고 있다. 프랑스 정부에서는 텔레메틱을 정책 입안의 기반으로 하여 정보화를 강력하게 추진하는 한편, 이것을 외교의 무기로 삼을 생각이라고 하였다(옮긴이).

있다. 왜냐하면 자유주의의 목표가 성공과 영역 정복, 그리고 어떤 '존재'를 대중적으로 확고히 하는 것이기 때문이다. 이런 점에서 욕심사납게 술수를 쓰는 것이 행정 절차상에서 편협한 잔소리를 되풀이하는 것보다 더 건설적이다.

게다가 경제 분야에서 인터넷의 세계적 발달이란 현상은 결국 상당히 진부한 생각들을 떠올리게 만들었다. 그것은 네트워크가 돈이 되는 사업이고, 아마도 특이한 방식으로 거의 전세계적인 관심사, 정보기술자들의 세계에서 흔히 사용되는 상투어를 쓴다면 '기본 프로그래밍 요소를 작동시키는' 관심사가 되었다는 것이다. 필립 케오(Philippe Quéau)가 이미 지적했듯이 "정보고속도로(inforoutes)[6]의 장래는 '전자 경제'의 출현과 관련을 맺고 있다."[7] 또 덧붙여 말하자면 이러한 정보고속도로의 미래는 분명 현재 속에서 준비되고 있는데, 이 현재는 어느 정도 만족스럽게 진행되고 있는 상업적 시도들로 포화상태가 되어 있다. 이러한 현 상황은 결과적으로 두 가지의 지적을 요한다. 첫째, 컴퓨터 네트워크를 통한 경제활동의

---

6) 공공기관, 대학 연구소, 기업은 물온 전국의 가정까지 첨단 광케이블망으로 연결함으로써 문자, 음성, 영상 등 다양한 대량의 정보를 초고속으로 주고받는 최첨단 통신 시스템(옮긴이).

7) 「누가 사이버 경제를 조정할 것인가?(Qui controlera la cyberéconomie?)」, ≪르 몽드 디플로마티크(*Le Monde diplomatique*)≫, 별호, 『인터넷, 황홀과 공포』, 1996, p.10.

발전은, 그 자체로 특별히 '의미를 내포하고 있는(signifiant)'
것은 아닐지라도, 다른 관점에서 보자면 매우 '중요한 의미를
지니는(singificatif)' 것일 수 있다는 것이다. 이것은 '상업'이
나 '시장' 개념이 크게 변하지 않으면서도, 인터넷을 통해
일어나는 금전적 상업적 교류가 전세계적인 상거래의 상당
비율을 차지할 수 있음을 의미한다. 그러나 예를 들어 정치
분야에서는 사정이 다를 것이다. 개인으로서의 시민에게 정
치생활을 직접 결정할 수 있는 '법적 능력'이 부여된다는 것
은 의회 민주주의 또는 대의 민주주의로부터 진정한 직접
민주주의로의 근본적인 변화를 의미하는 것이기 때문이다.
'돈'에 관련된 분야에서는 소비의 확장이 아무것도 바꿔놓
지 않는다. 돈의 가치를 평가하는 방식이 변할 수는 있다.
그것이 생산도구들과 맺고 있는 유기적 관계나 사회적 효과
도 마찬가지로 변할 수 있다. 돈은 여전히 '모든 것의 판단
기준'으로 남아 있으며, 그 자체로 네트워크 발전의 중요한
원동력이 되고 있는 것 같다.

　하지만 분명, 전자상거래는 상업적 관계 자체에 현저한
변화를 가져왔다. 인터넷 서점 아마존(Amazon.com)의 설립
자인 제프 비조스(Jeff Bezos)는 그의 기업이 성공한 비결을
다음 두 가지 점에서 찾고 있다. 첫째로는 대중들이 작품의
어마어마한 카탈로그를 손쉽게 열람할 수 있었다는 것이지

만—아마존은 250만 권의 '비축품'을 소화할 수 있다—
무엇보다도 그 인터넷 서점의 가상 공간에서 자율적으로
생성된 독자들의 커뮤니티도 빼놓을 수 없을 것이다. 개개
인은 자신이 읽은 작품에 대한 '비평'을 내놓고, 어떤 책의
성공이나 실패 가능성을 점쳐보며, 마지막으로 자기와 유
사한 관심사를 가진 다른 사람들과 의견이나 '독후감'을 나
누게 되는 것이다. 제프 비조스의 말에 따르자면, "아주 대
단한 양의 변화가 질의 변화로 이어진 것이다."8) 이런 의
미에서 인터넷 서점은 도서 애호가들의 일종의 토론장일
뿐만 아니라, 상거래의 장소, 지적 교환의 장소가 되는 것
이다. 그 결과 소비자의 이익에 대한 상업의 관계가 불균형
적임을 보게 된다는 것, 그리고 편집자의 신간 증정, 전문
기자 같은 전통적인 사회적 상업적 비준의 경로가 희생된
측면이 있다는 것에는 이론의 여지가 없다. 하지만 그렇다
고 해서 경제관계 자체가 '현실 세계'에서 그런 것과 근본
적으로 다르다고 생각해서는 안된다.

둘째, 인터넷에 대한 합리주의자나 도구주의자의 시각
에 속하는 것이겠지만, 거기에서 이뤄지는 경제적 관계는
거의 전적으로 기술적인 차원의 구속들에 종속된다. 간단

---

8) ≪이코노미스트(*The Economist*)≫가 실시한 전자상거래에 대한 설문조
사에서 인용한 것임. 343(8016), 1997년 5월 10일자(설문지 p.6).

히 말해 거기서의 경제적인 문제는 기술자들의 문제이며, 기술자들 문제로서의 사변적인 관심밖에는 없다. 거기서 우리가 만나게 되는 어려움들은 본질적으로 그때그때의 상황에 달린 것이다. 설사 그러한 어려움이 극도로 넓은 현실 영역에 걸쳐 있고, 특수한 그리고 적절한 정보처리 기술의 활용에 의해 현재나 미래에 일소될 수 있는 것이라 하더라도 말이다. 전체적으로 보아 우리는 화폐와 조세제도라는 두 가지 주된 어려움을 구분해낼 수가 있다.

네트워크의 경제적인 발전은 매우 특별한 통화상의 구속에 종속되어 있다. 실제로 네트워크의 목적이 무엇이건 간에, 즉 개인의 컴퓨터 하드웨어에서 직접 음악의 멜로디를 복사하는 것이 문제가 되건, 은행의 한 지점에서 다른 지점으로 이체를 하는 것이 문제가 되건, 아니면 '실체가 있는'[9] 소비재나 공산품을 구매하는 것이 문제가 되건 간에, 가장 중요한 것은 교환과 그것을 실행하는 자들이 실행하는 조작에 따라 신분이 확인되고 지불을 하고 신용결재를 할 수 있게 된다는 것이다. 전자 상거래라는 말 속에는 현존하는 경제상황을 정확하게 반영할 수 있는 지불 방법, '실제' 재화 상태에 부합될 수 있는 지불방법의 사용이 함

---

9) 가상 공간에서 영상으로만 뜨는 것이 아니라는 뜻(옮긴이).

축되어 있다. 하지만 이렇듯 유연한 방식의 경제적 교환은 도저히 무시할 수 없는 화폐상의 도전이 된다. 은행 상호간의 교류가 전자적 형태로 이루어질 때, 개인 조작자가 중간에 끼여듦으로써 상거래는 엄청나게 증가되고, 이는 경제적 보증의 문제뿐만 아니라 재화의 평가와 유통의 통제라는 문제까지 야기시킨다.

이러한 상거래를 보호하는 데는 두 가지 방법이 있다. 첫째는 인터넷상에서 기존의 지불 방법을 이용하는 것인데, 특히 잠재적인 소비자들이 자기가 관심 있는 서비스 제공자(또는 단체)에게 신용카드의 번호를 알려주는 것이다. 엄밀히 말해 여기에서 문제가 되는 것은 경제적인 측면이라기보다는 상거래를 수행하기 위해 사용된 통신방법이며, 오히려 암호화 기술[10]과 계좌이체의 안전장치[11]이다. 이 점에 있어서 우리는 두 가지 사실을 지적해볼 수 있을 것이다. 첫째로는, 탐색기 안에 통합되는 암호화 기술이 있는데, 이것은 적절하게 안전이 보장되는 수준에서 그만그만한 상거래를 실행할 수 있게 해준다. 다음으로는, 인터넷으로 전송되는 메시지들의 총계가 너무도 엄청나서, 이론상

10) 수신료를 지불하는 특정한 사람만 접속할 수 있도록 하는 장치(옮긴이).
11) 접속이나 유출이 불가능하게 만든 정보의 잠금장치(옮긴이).

으로는 은행 명세들을 악의적으로 가로챌 가능성이 없지 않지만, 실제로는 극도로 미미하다는 것이다. 소비재를 사기 위해 인터넷을 이용하는 것은 소비자들 자신이 '위험요소를 통합시켰다'는 것, 즉 자신들의 거래에 돌발사건이 잠재되어 있을 수 있음을 받아들인다는 의미로 볼 수 있다. 전통적인 지불방식에 의한 일상적인 소비의 측면에서 보자면, 인터넷은 보조적인, 그러나 진정으로 독창적이지는 않은 경제라인을 형성한다고 할 수 있다.

반면 인터넷의 보급과 밀접하게 관련하여 존재하는 전자 상거래의 두번째 형태는 바로 '전자화폐'이다. 국제결제은행*(BIS: Bank for International Settlements)의 연구에서 규정한 바에 따르면, 전자화폐는 두 가지의 지불수단으로 이루어진다. 첫째로 칩이 내장된 카드로 지불하는 방법이 있는데 이것은 사용자나 금융기관이 별다른 경비를 내지 않아도 모든 가격의 상거래, 특히 (몇 프랑 정도 수준의) '소단위 상거래'를 가능하게 해준다. 하지만 이것은 예를 들어 전화카드와는 달리 여러 가지의 용도로 쓰일 수 있다. 다음으로는 소프트웨어 제품, 즉 컴퓨터에서 복사가 가능한 응용 소프트웨어 제품에 의해 지불하는 방법이 있는데, 여기에 매겨지는 가격은 소비자들의 '현실적인' 능력에 따라 결정되고 또 갱신될 수 있다. 이때 소비자의 지불능력은

'칩'이 내장된 카드가 아니라, 컴퓨터상에서의 응용 프로그램에 등록된다.[*]

따라서 전자화폐의 가장 큰 이점은 다음과 같다. 즉 전자화폐는 예를 들어 신문기사, 음악의 멜로디, 다양한 영상 등의 구매 같은 모든 종류의 '소단위 상거래'를 안전하게 실행할 수 있게 해준다. 이런 거래를 전통적인 징수 방식으로 하게 되면 재정기관에 드는 처리 비용이 너무도 비싸질 것이다. 기존의 방식으로는 비용이 과도하게 들어서 위에서 언급한 소단위 상거래는 명백히 불가능해질 것이다. 반면 전자화폐의 사용은 이런 거래들을 용이하게 해주고 또 거의 자동적으로 전체 거래량을 증가시켜 준다.

그렇다고 해서, 인터넷이 '실물' 경제와 대등한 전자경제에 의해 지배될 것이라는 의미는 아니다. ≪이코노미스트≫가 지적했듯이[12] 화폐를 디지털화하는 방식은 그것이 확산되어가는 과정에서 두 가지의 커다란 장벽에 부딪치게 된다. 첫번째 장벽은 '소단위 구매' 조작을 자기 스스로 그때그때 해야 한다는 생각에 강한 거부감을 가지고 있는 소비자들의 심리이다. 실제 가격이 얼마 안되는 상거래를 할 때마다 매번 지불을 해야 한다는 것이 역설적이게도 소비

12) Op. cit., 1996, p.14~15.

자들의 소비성향을 증가시키는 데는 별 도움이 되지 않는 것이다. 두번째 장벽은, 은행카드나 신용카드로 서비스 제공자에게 직접 송금하는 기존의 지불방법이 기능 상 효과적이면서도 상대적으로 확실하다는 것이다. 국제결제은행 리포트의 작성자들 역시 다음과 같은 점을 지적하고 있다. 전자화폐의 의미심장한 발전에 필요한 기술적이며 심리적인 변화가 일어난다고 해서, 단기간 또는 적정 기간 내에 인터넷이 전통적인 지불 경로를 대체한다고 볼 수도 없거니와 전자화폐의 승리가 다가온다고 기대해볼 수 있는 것도 아니라는 것이다. 그렇지만 유럽의 통화 단일화는 흥미로운 경우를 보여준다고 할 수 있을 것이다. 1999년으로 예정되어 있던 유럽 통화 단일화는 실제로는 대중이 유럽 화폐를 자유로이 사용할 수 있게 되는 2002년에 가서야 완수될 것이다.[13] 그런데 이러한 3년간의 기술적인 유예 기간이 공동 전자화폐의 사용을 고무시킬 수 있는 시간적·기술적 돌파구가 될 수도 있을 것이다(리포트 각주 5번 참조).

사실상, 단기적으로 화폐의 디지털화는 텔레메틱 거래 논리를 따르고 있는 기업의 성공 여부만큼이나 그 결과가 불확실한 것이라 할 수 있다.[14] 중앙은행과 공권력, 그리고

13) 이것은 이 책이 쓰여진 1997년 시전에서의 이야기이며 2002년부터 실질적인 통화 단일화가 시행되고 있다(옮긴이).

국제관계 차원에서 그것의 활용상의 어려움은 상당하다. 왜냐하면 이러한 어려움들은 전자화폐의 발행권리뿐만 아니라 상거래의 관리 또는 화폐 발행은행—심지어는 중앙은행까지도—의 사용가능 자금 한도에 대한 평가 등등과 관련되어 있기 때문이다. 국제결제은행 리포트의 표현을 빌어서 말하자면, "전자화폐에 적절한 조정 시스템을 구상해낸다는 것은 다양한 목표들간의 균형을 맞춘다는 의미를 함축하고 있다. 이 다양한 목표에는 화폐 발행국의 안정되고 건전한 재정과 소비자의 보호, 그리고 경쟁과 혁신에 대한 배려가 포함된다." 좀 불경스럽게도 이런 말을 덧붙이고 싶어질 것이다. 요컨대 이것이 함축하는 바는 세계를 다시 만드는 것이라고.

조세제도의 문제는 공권력이 명백히 관심을 기울이고 있는 문제이다. 이 조세의 문제는 디지털 경제의 발전, 상거래 및 재정거래에 대한 접근 가능성의 증가, 또한 이 둘의 결과물인 경제적 세계화와 밀접한 관계를 맺고 있다. 전형적인 예를 들어보자면, 비록 국가적인 규모이긴 해도 상거래와 관련한 미국의 지방세 시스템[이것은 유럽의 부가

---

14) 이 역시 1997년 시점에서의 이야기로 화폐의 디지털화는 아직 광범위하게 대중화되지는 않았지만 어쨌든 이미 실행되고 있다(옮긴이).

가치세(TVA: taxe à la valeur ajoutée)와 같은 개념이다]은 인터넷과 인터넷 구매로 인해 이미 상당한 어려움을 겪고 있다.[15] 왜냐하면 지금 거주하고 있는 주가 아닌 다른 주에서 내려받기를 통해 소프트웨어를 구입할 경우, 지역적으로 적용되는 조세를 피할 수가 있기 때문이다. 사실상, 인터넷에서 일어나는 현상은 이전의 우편 구매에서 존재하던 상황을 재현하고 있을 뿐이지만, 그것을 확장시키고 그것의 관리를 훨씬 더 복잡하게 만들고 있다.

하지만 네트워크의 존재로 인해 조세가 사라지는 것도 아니고, 개인이 각개의 행정망을 속이기가 더 쉬워짐으로써 어떤 혜택을 받게 되지도 않을 것이다. 설사 인터넷을 통해 이루어지는 것이라 해도, 속인다는 것은 '까다로운' 일이며 확고한 의지와 요컨대 흔하지 않은 능력이 요구된다. 그러므로 조세의 문제는 차라리 세액 차이의 문제이며, 사람들과 물건의 유동성 문제인 것이다. 이는 두 가지 측면에서 그러하다. 첫째, TVA — 사실 TVA는 유럽 공동체 내부에서는 줄어드는 경향이 있다 — 의 세율 차원, 또는 마찬가지로 단체나 개인에게 부과되는 세율 및 과세의 성격 차원에서 조세 불균형이 있을 수 있다. 정보 네트워크 덕분

15) 「네트워크를 통한 세금의 손실(Taxes Slip Through the Net)」, ≪이코노미스트≫, 343(8019), 1997년 5월 31일자.

에 뛰어난 능력을 갖춘 사람들이 특정 지역에 편중되는 현상을 바람직하게 해소할 수도 있을 것인데, 그럴 경우 그들은 특별한 업무 때문에 과세율이 높은 지역에 자신들의 거주지를 정할 필요가 없게 될 것이다. 파리나 로마에서의 1회 사진 촬영에 10만 프랑을 요구하는 사진작가가 꼭 거기에 거주할 필요는 없는 것이다. 또한 그는 자신이 고용된 신문사나 광고회사에 인화된 전자원판을, 수정을 거쳐 보낼 수가 있다. 이 경우 지체되지도 않거니와 사고로 예술활동의 성과물을 분실할 위험도 없다. 이렇게 하여, 다른 종류의 욕구, 명성에 대한 사회적 욕구나 아니면 가령 비자와 관련한 행정적 욕구를 만족시킬 수만 있다면, 멀리 떨어진 곳에서 완벽하게 효과적이고 규칙적으로 작업을 수행하면서 그는 세계 어느 지역에서건 그 지역 시민이 되어 유리한 조건의 조세 혜택을 받을 수 있다. 이 같은 유리한 조세 조건은 어떤 특정 지역이나 대단한 지리적 유동성과 연관된 것이다. 이 점에서 인터넷은 더 나은 자질과 희소가치를 지닌 전문가들에게 세금이 높은 지역에 계속 상주하지 않고도 직업을 수행할 수 있는 기회를 가져다줌으로써 이전에 존재하고 있던 사회적 불평등 현상을 좀더 강렬하게 조명해줄 뿐이다.

하지만 다른 측면에서 볼 때, 네트워크 덕분에 조세 격

차에서 끌어낼 수 있는 이점이라는 것도 그 이전에 이미 존재하던 사회적 조건의 불평등에 기인하는 것이다. 사무직 종사자들이나 공무원은, 적어도 조세에 있어서는 인터넷이 가능하게 해주는 이동의 자유를 누릴 수가 없다. 이런 의미에서, 우리 모두가 '원거리 작업(télétravail)' 앞에서 평등하지는 않다. 그러나 원거리 작업 자체가 탈세의 도구는 아니다. 이것이 의미하는 바는 조세행정에 가장 매력적인 수입원이 가장 쉽게 조세행정을 빠져나갈 수 있다는 것, 그리고 조세행정의 손길이 가장 쉽게 미친다는 이유로, 평범한 수입원에 가장 높게 세금이 매겨진다는 것이다. 따라서 경제가 창출해내는 사실상의 불평등들에 따라서 감시행정적 견지에서의 불평등이 덧붙여진다. 분명 인터넷은 그러한 불평등의 특정한 원인이 아니라, 오히려 그것을 최대한 활용할 수 있을 사람들을 위한 새롭고 풍부한 기회이자 촉매제인 것이다.

기업인의 엘도라도

네트워크가 기업의 번영에 미친 영향을 정확하게 측정하는 것이 아직 힘들긴 하지만, 몇몇 성공들을 눈여겨볼 수는 있다. 이러한 성공 때문에 수많은 실패담들은 쉽게 가려지고, 전자적 흐름의 익명성 속으로 사라지고 마는 것이다. 한 예로 1999년 당시 '탐색기(fureteur)' — 이 말은 영어의 브라우저(browser)에 해당하는데, '웹'상에서 '탐색이나 검색(naviguer)'을 가능하게 해주는 응용 소프트웨어를 가리킨다 — 시장의 반 이상을 점유하고 있던 미국의 넷스케이프 커뮤니케이션즈(Netscape Communications)는 기업의 주식시장 상장시, 어마어마한 성공을 거두었다. 그 당시 이 기업은 수십만 달러의 적자를 기록하고 있었으며 세금을 제하고도 650만 달러 정도의 적자를 내면서 1995년을 마감하고 있었는데도 말이다. 그 이후로 세금을 제외한 이 기업의 순수입은 1996년 12월 31일경에 2,100만 달러를 넘어섰다. 한 해 동안의 '손차'가 2,800만 달러 가까이 된 셈이다.[16] 그런데 이 기업이 계속적인 성장을 누렸던 것은 '현실적인' 상품을 생산해서가 아니라, 가상성의 유연한 순환 같은 것 덕분이었다. 간편한 그래픽 인터페이스와 확실하게 편리한 조작법 덕분에 넷스케이프 커뮤니케이션즈는 탐색기의 사용을 대중화시킬 수 있었고, 그것을 통해 인터넷의 발전에 기여하였다. 동시에 탐색기의 사용을 점점 더 필수불가결한 것이 되도록 만들었고, 자사의 제품을 보편적

16) 자료제공: 넷스케이프 커뮤니케이션즈
   (http://homme.nestcape.com/comprod/investor/)

인 컴퓨터의 규격 같은 것으로 부과할 수 있게까지 만들었다. 이런 측면에서 이 기업의 '실제적인' 수입은 이 기업에서 개발하고 유지하고 강화시킨 텔레메틱 접속의 가상성이 가져다준 순수효과이다. 여기에는 디지털 데이터의 손쉬운 대륙간 전송으로 인한 수요의 창출과 자사고객의 공조가 있었다.

인터넷상에서의 상업적 모험이 그렇게 수지맞는 일만은 아니다. 이것은 명백한 사실이다. 하지만 사람들은 그 이후 규격화된 방식으로 그 같은 상업적 모험의 가능성을 점차적으로 평가할 수 있게 되었다. 즉 네트워크 안에서 사업을 벌이는 데 어느 정도 비용이 드는지 알 수 있게 되었고, 점점 더 그것의 안전장치를 확고히 할 수 있게 되었으며, 사람들을 끌어들이면서 상업적으로 수지가 맞는 사이트를 더 잘 개설할 수 있게 되었다. 결론적으로, 계산된 모험을 점점 더 능숙히 감행할 수 있게 된 것이다. 일반적으로 기업이 네트워크 안으로 들어가는 데는 두 가지의 목적이 있는데, 이 두 가지가 반드시 구분되는 것은 아니다. 예를 들어 소매 방식으로 특수한 고객을 대상으로 할 수도 있는 것이고, 하청이나 산업구매의 방식으로 다른 기업들을 대상으로 삼을 수도 있다. 그 어느 경우건 네트워크를 활용함으로써 기업은 비용을 절감할 수 있게 되고, 이러한 비용 절감

은 다양한 방식으로 전체 대차대조표에 영향을 미치게 된
다.

　개개인과의 상거래에서 인터넷을 사용하게 되면 두 가
지 이점이 있는데 이 두 가지는 서로 상보적이다. 첫째, 네
트워크에 투자함으로써 기업은 천문학적인 숫자의 고객을
상대할 수 있다. 이 고객들은 네트워크에서 이루어지는 접
속 전체에 상당하는 가상적인 영역에 걸쳐 있다. 즉석에서
6,000만 정도를 상대할 수 있다고 상상하는 것은 분명 근
거 없는 일일 것이다. 하지만 인터넷상에 시각적으로 전시
를 해놓으면 네트워크에 관심을 가진 모든 대중들이 즉시
로 접근할 수 있고, 그것이 이 대중들의 필요에 부응 할 뿐
아니라 그들이 그것을 필요로 하게끔 인위적으로 조장할
수도 있다는 것은 사실이다. 둘째, 인터넷에 접속함으로써
'중개 중지' 효과가 야기되어서, 제공되는 제품의 가격을
현저히 낮출 수 있고 또한 예상되는 이익을 더 높일 수도
있다. 네트워크를 통해 생산라인에서 중간업자를 빼버릴
수도 있는데, 포괄적으로 얘기하자면 생산자와 소비자 사
이에 존재하는 모든 것을 빼버릴 수 있는 것이다. 예를 들
어, 어떤 마이크로 컴퓨터 생산자들은 개인에 대한 판매를
책임지는 일종의 분업체계를 가지고 있다. 하지만 소매업
자를 없앰으로써 소매업자가 수령하는 지방세액만큼을 줄

일 수 있고, 중간업자에게 지불되는 금액을 줄일 수 있으며, 기존의 운송체계에서는 필수적인 보관료도 줄일 수 있다. 같은 맥락에서 미국의 데이비드 쇼우(David E. Shaw)는 최근에 고객들에게 통합 재정 서비스를 제공하는 원거리 재정 서비스(Farsight Financial Service) 회사를 창립했는데, 이로써 주식이나 채권에 투자하는 가능성 이외에도 수표를 발행하거나, 청구서를 지불하거나, 신용카드 대금을 결제하는 등의 가능성을 열어준 것이다. 이것은 시간에 관계없이 세계 그 어느 곳의 인터넷과도 접속할 수 있는 마이크로 컴퓨터만 있으면 된다.[*]

인터넷은 기업활동, 그리고 기업들 상호간의 사업관계에서 매우 중요한 성공의 열쇠가 되고 있다. 이것도 역시 두 가지 측면에서 그러하다. 우선 인터넷이 점진적으로 소프트웨어와 관련한 규범들, 또 완전히 다른 분야에서의 행동 규범들을 창출해냈기 때문이다. 엄밀히 말해 전산분야에서 보자면, 파일의 구성요소들을 '기술하는' 데 쓰이는 HTML 언어는, 멀티미디어로 입력된 자료들을 영상화하고 원거리 복사를 할 수 있게 해줄 뿐만 아니라, 물리적·지리적 구속에 의한 한계를 넘어서, 기업들 내부에 즉각적으로 통신할 수 있는 공간을 설정할 수 있게 해준다. 더 정확히 말하자면, 동일한 언어와 응용 소프트웨어들 덕분에, 기업들이 인터넷상에서 서로 접속할 수 있게 되었고, 그들 내부에서 '인트라넷'을 구축하거나 발전시킬 수 있게 된 것이다. '인트라넷'은 인터넷과 동일한 성능을 지니며, 주로 내부에서 사용되는 안전한 네트워크를 구성하면서 인터넷과 연결될 수 있는데, 이 경우엔 '엑스트라넷'이 문제가 될 것이다. 그러므로 '인트라넷'은 기업이 어떤 식으로 구성되었건(중앙집중식이건, 분산식이건) 내부의 네트워크를 의미하고, '엑스트라넷'은 보안장치를 통한 '인트라넷'의 인터넷 접속을 의미한다.17)

이런 측면에서 정보처리 도구의 발전은 또한 새로운 행동방식을 낳게 한다. 전자우편의 대량 사용, 좀더 경제적이면서도 입체적인(즉 그래픽에 의한) 정보의 보다 원활한 유통, 화상 회의 등등이 그것이다. 인터넷의 규범을 통해 기업에는 새로운 생산방식이 도입되고, 또한 기업 내 서열이 새로운 방식으로 나타나게 된다. 즉 기업의 모든 구성원들이 어떤 장벽이나 서열상의 중계자 없이도 서로가 동등하게 접할 수가 있는 것이다.

17) 'inter'라는 접두어는 '상호간의'라는 뜻이며 'intra'는 '내부의', 'extra'는 '외부의'라는 뜻이다. 그러므로 '인트라넷'은 기업 내부에서 유통되는 정보망을 의미하고, '엑스트라넷'은 기업 외부로 유통시키는 정보망을 의미한다. 이 둘 모두는 인터넷에 연결될 수 있다(옮긴이).

　　다른 한편으로는 30년 전부터, 많은 기업들이 '전자정보 교환 시스템(EDI: Electronic Data Interchange)'상에서 상거래들을 하고 있는데, 이로 인해 기업들 상호간에 주고받는 상품이나 송장, 지불서를 전자시스템으로 보내고 받으며 확인할 수 있게 되었다. 이 전자정보 교환 시스템은 '외부와 차단된 상태'로도 그 기능을 수행한다. 좀 비용이 많이 들긴 하지만 제너럴일렉트릭 사와 그 납품업자들 사이처럼 이미 사업적인 관계가 맺어진 기업들을 연결시켜주는 고유 네트워크의 경우가 그 예이다. 여기서는 인터넷에 접속할 수 있는 사람들의 수를 줄이면서도 여전히 상업적인 정보에 접근할 수 있는 가능성을 넓혔고, 또한 그렇게 함으로써 기업간의 경쟁을 가속화시키고 있는 것이다. 기업들이 동등한 위치에서 서로에게 노출되어서 자기들에게 적합한 파트너들을 좀더 가까이에서 접촉하고 찾아낼 수 있게 되었기 때문이다.

　　경제적인 견지에서 볼 때, 인터넷은 확실히 인간적인 밀착이 더 이상 문제되지 않는 새로운 공동체를 만들어냈는데, 여기서 중요한 것은 서로를 '파트너 정신'으로 대하는 것이다. 흔히 쓰이는 표현을 빌리자면 호모 에코노미쿠스(homo economicus)는 친구가 아니라 협력자가 되는 것이며, 또한 본질적으로 이해타산에 얽힌 관계를 만들어낸다.

이러한 관계는 동기를 유발시킨 목표가 없어짐과 동시에 언제든지 사라질 수 있다. 이러한 생각이 새로운 것은 아니다. 상당히 단순화시키긴 했어도 전체적인 맥락에서 볼 때, 우정에 대한 아리스토텔레스의 이론은 네트워크상에서의 공존방식을 바라보는, 만족스런 해석의 모델을 제시해주고 있다. 또한 이 이론에서는 또 다른 이점을 어림해볼 수도 있다. 이 이론은 경제적인 실증주의가 네트워크로부터 배울 수 있는 것, 즉 생산성이나 이익이란 용어로 표현되는 네트워크의 유용성을 넘어서는 것이다. 즉, 우정의 관계 그 자체를 생각하면서 우리는 인터넷 실체의 재발견이 개인의 재발견에 의해서만 가능하다는 생각을 하게 될 것이다. 이 때 우리는 개인으로부터 기대할 수 있을 이익 때문이 아니라, 그 개인 자신 때문에 그 개인을 위해서 찾는 것이다. 이는 곧 그 개인의 인격과 도덕적 완전성에 대한 존중을 되찾게 되는 것이다. 불분명한 '사이버 민주주의'의 환상, 그리고 행정과 기업의 기술 환원주의에다가 우리는 개인적인 목소리의 울림, 개인의 가치, 의미, 내면성의 주장을 되돌려 보낼 수 있었으면 하는 생각을 하게 될 것이다.

3
짜증의 올가미

행정권의 히스테리적인 반응으로 침체되거나 고무되곤
하는 인터넷을 경제적으로 이용하려는 관심은, 탐욕원칙의
부활과 같은 성격을 지니고 있는 것처럼 보인다. 이러한 탐
욕은 초기 '인터나우테스'가 가졌던 자유와 공동체의 꿈에
의해 억제되었던 것이다. 마찬가지로 개인과 그의 인격적
완전성도 이 같은 이익 추구의 상황에서는 컴퓨터 네트워
크가 마지막으로 넘어야 할 가장 중대한 장벽 같은 것이
되어 떨어져 나온 것처럼 보인다. 인터넷은 다른 여러 가지
도구와 마찬가지로 하나의 단순한 산업적·상업적 도구일
수 있다. 하지만 적어도 인터넷은 동시에 표현과 학습 공간
을 형성하고 있다. 이 공간은 모든 사람들에게 그들이 지적·

예술적으로 자기 주장을 할 수 있는 기회, 그리고 거의 즉각적이면서도 확실하게 문화적으로 상승할 수 있는 기회를 준다.

그러나 이와 더불어 개인이라는 존재가 불안정하다는 것, 그리고 이 개인들이 인터넷의 어찌할 수 없는 혼란에 노출되어 있다는 사실을 고려해야 한다. 인터넷이 대중적인 양상을 띠게 되자, 용인할 수 없다고 판단되었던 온갖 종류의 내용들을 가까이 할 수 있게 되어 엄청난 혼란이 생겨났다. 예를 들어, 정치 분야에서의 인종차별적이거나 헌법 개정을 요청하는 수많은 자료들, 성 분야에서의 즉각적으로 접근할 수 있는 에로티시즘이나 포르노가 그러하다. 유럽과 미국의 정치인들 모두가 상황이 대단히 급격하게 위기적이 되었다고 판단하고 심히 동요되었다. 비양심적인 전자 편집자들의 음란과 외설에, 어른에서 아이에 이르기까지 모든 사람들이 노출되어 있다는 사실 때문이었다. 최근 들어서는, ≪뉴욕 타임즈≫가 한 기사를 통해, '마약 문화'의 급격한 확산과 젊지만 경솔하며 어른들의 도덕적 권위에 본능적으로 반발하는 인터나우테스에게 마약문화가 내미는 유혹의 손길을 규탄하였다.

그러므로 개인의 문제, 그리고 개인이 인터넷과 맺는 관계의 문제는 윤리적 순응주의와 사용의 규제라는 측면에서 '단번에' 그리고 '자연스럽게' 제기되지만, 거기엔 아무 해결책도 없다. 개인은 네트워크에 자신을 드러냄으로써 정의되지만, 이 개인은 그의 매우 불안정한 도덕성과 지성으로 인해 가상적으로 공격받고 있는 것으로 간주되어야 한다. 적절하지 않은 시기에 전송된 문자나 그래픽 정보가 그의 의식에 영향을 미쳐, 심각하면서도 돌이킬 수 없는 심리적 해악을 끼칠 수 있기 때문이다. 달리 말해서, 개인이라는 문제는 즉각적으로 그리고 별다른 비판적 고려 없이 검열의 문제로서 제기되었다. 그런데 그 검열의 합법성 문제는 제기조차 되지 않았고, 검열을 할 수 있게 해주는 기술적 방식의 문제로서 제기되었던 것이다. 미국에서의 통신예절법령(CDA: Communications Decency Act) 사건의 출현, 다양한 유럽 기구들에 제출된 보고서, 프랑스와 독일 당국이 접속 서비스 제공자와 인터넷 사용자에게 부과하는 규제적인 구속—1997년 3월 26일 레나터(Renater) 공중파에서 미갈(Mygale) 서버가 축출된 것을 예로 들 수 있다— 등을 고려해 볼 때, 사람들이 검열 자체를 거의 또는 전혀 문제삼지 않고 있다는 것은 명백하다. 아울러 전자 정보 교류에 사법적·행정적으로 때로는 정치적으로까지 가해지는 통제가, 이 같은 전자 정보 교류의 무조건적인 존재에 대한 '자연스런' 대답이라는 것 역시 자명해보인다.

사실들의 두께

문화적 배경과 지리적 위치, 정치 사회적 전통에 따라 여러 다른 역사의 진행 속도가 존재한다. 인터넷과 인터넷 안에서의 개인의 문제는 대서양 양 켠에서 매우 비견될 만한 방식으로 제기되고 있고, 또한 일시적이나마 그에 비견될 만한 대답을 함축하고 있다. 하지만 이러한 문제는 매우 다양한 사법적 선율로 전개되고 있을 뿐, 국가 내에서 개인들과 법이 진정 조화롭게 울리는 방향으로 조속히 흘러가고 있는 것 같지는 않다.

1996년 장거리 통신에 관한 법 507조를 입안하기 위해 제임스 엑슨(James Exon) 상원의원이 도입한 통신예절법령은, 네트워크상에서 전달될 수 있는 자료들의 내용을 규제하기 위한 것이었다. 실제로 모든 '외설적인 종류의 통신'을 게재할 경우, 제작자는 25만 달러의 벌금 또는 최고 2년에 이르는 징역형을 받아야 했고 이 두 가지를 동시에 받을 수도 있었다. 하지만 그것이 발효된 직후, 통신예절법령은 인터넷의 옹호에 관심을 가진 두 연합으로부터 공격을 받았다. 미국시민자유협회(American Civil Liberties Union)와 시민인터넷권리연합(Citizen Internet Empowerment Coalition)이 바로 그들인데, 이 두 연합은 법안의 극도로 모호한 용어에 대해, '외설적인 내용'이라는 개념의 엄정하면서도 확실한 사법적·도덕적 경계를 설정할 수 없다는 주장을 펼쳤다. 이 두 협회의 변호인들이 제기한 본질적인 반론은, 이 법 조항이 미 헌법에 의해 보장된 표현의 자유에 심각하게 위배된다는 것이었다. 실제로 그들은 1996년 봄, 필라델피아 주에서 승소했다. 그러자 미정부는 이 사건의 재심을 연방 최고 재판소에 청구했고, 1997년 3월에 시작된 청문회는 1997년 6월 26일에야 판결이 났다. 연방 최고 재판소는 위헌성을 이유로 통신예절법령을 무효화시키고, 통신예절법령이 헌법 1조와, 그것이 미국시민들에게 보장해준 표현의 자유, 마음과 의식으로 다룰 수 있고 다루어야 하는 모든 주제를 마음껏 표현할 수 있는 자유에 위배된다고 선포했다.*

사건의 핵심을 간단히 요약해보자면 다음과 같다. 통신예절법령 옹호자들이 내세운 논거는 지나치게 단순하면서도 서툰 것이었다. 즉 아이들을 네트워크에 떠다니는 과도한 포르노로부터 총체적으로 보호해야 하며, 따라서 정보의 유통은 적절한 사법적 통제의 감시를 받아야 한다는 내용이었다. 그러나 미국 언론에서는 일찌감치 통신예절법령에 함축된 조항들의 무용성을 지적하였다. 이 법률에 따르면, 예를 들어 어떤 형태로건 생식기관과 연관된 모든 내용에는 법률에 의해 규정된 형벌이 부가될 수 있다. 의학용

보고서들이나 대학 교수의 해부교습, 레오나르도 다빈치의 기록이나 그가 묘사한 인체연결조직 단면도 등도 모두 처벌 대상이 되는 것이다.

이렇게 해서 연방 최고 재판소의 판결은 질이 나쁜 자료들이 유통되는 것을 억제하고 또 때로는 거기에 대한 유감을 표하면서도, 기본적이고 교훈적인 구분에 그 근거를 둘 수 있었던 것이다. 또한 심리적이고 문화적으로 '유해한 것'의 범주와 더 엄격하게 처벌해야 하는 '불법적인 것'의 범주가 혼동되는 것을 단호히 거부할 수 있었다. 이 같은 내용의 판결이 내려질 수밖에 없었던 것은 다음과 같은 두 가지 논리 때문이었다. 첫째, 공공장소에서와는 달리 인터넷의 공간은 순진무구한 아이들을 보호하기 위한 환경과 성인들이 그들의 음란행위를 즐기기 위한 환경을 선택적으로 분리한다는 것이 불가능하다. 인터넷은 비유적으로만 하나의 '공간'일 뿐이며, 실제로는 인터넷이 가능하게 해주는 정보들의 전송에 의해서만 존재할 수 있다. 따라서 미연방 최고 재판부의 판결은, '외설적'이라고 판정된 어떤 자료들의 배포를 전체적으로 금지시키지 않는 한, 네트워크의 통제가 실제적으론 불가능하다는 것을 언명하고 있는 것으로 볼 수 있다.

이로부터 정보에 대한 자유로운 접근이라는 본래적 의

미에서의 논거가 나오게 된다. 어떤 범주의 내용들을 완전히 금지해야 한다면, 아이들에게 개방해도 좋을 만한 것들이 무엇인가에 따라 예절의 경계를 규정해야 한다. 이것은 결과적으로 성인들에게 그들과는 무관한 규범에 의해 제한된 정보들을 강요하게 되는 것이다. 정도의 차이는 있겠지만 마치 도서관이나 서점에서 아동 문학에 할당된 구역에만 제한해서 출입시키는 것과 같다. 따라서 정보에 접근하는 것을 막으려는 모든 시도들을 불합리하고 불법적인 것이라고 거부하는 것이 당연히 사려깊고 또 필연적인 행동인 것처럼 보인 보다 명확히 말하자면, 인터넷을 '내용'의 측면에서가 아니라 정보와 그것의 전달이라는 측면에서 생각해야 한다는 것이다.

이러한 구별은 매우 중요하다. 만일 네트워크를 거쳐오는 내용에 관심을 기울여야 한다면, 개개의 언술(énoncé)과 영상, 음악, 거기에서 일어날 수 있는 라디오나 비디오 방송 전파 등의 가치 또한 규정해야 할 것이다. 결국 내용의 등급을 나누고, 행정적·법률적 방법을 통해 그 자체로는 정의가 불가능한 가치론적 구분을 강요해야 하는 것이다. 반면 정보라는 것에만 한정시켜 말한다면, 그것은 다음과 같은 사실을 우리에게 단순 명료하게 확증시켜 준다. 즉 지적인 것, 문학적인 것, 또는 그래픽이나 사진으로 된 것 등 그 어떤 속성의 것이건 간에 디지털 방식으로 옮겨놓는다는 것은, ― 어찌되었든 간에 포르노 영상이 무엇보다도 단순한 디지털 파일에 지나지 않는다는 것을 인정해야만 한다 ― 우리를 새로운 담론의 시대로 인도한다는 사실이다. 이 시대의 본질은 변화를 겪고 있고 어떤 진화의 영향을 받고 있으며, 이것은 우리가 앞으로 이해해야 할 부분이다. 이런 점에서 연방 최고 재판부의 판결에는 신랄한 측면 또한 있다. 그것은 이후로 인터넷상에서의 '모든 금지를 금지한다'라고 선포한 것이나 다름없기 때문이다. 이것이 특별히 '무정부주의자들'을 기쁘게 하지 않을 뿐더러 그들은 그러한 소모적인 논쟁에는 관심도 없다. 다만 현재 고위직에 있는 사람들 중, 행정적 법조문 제일주의의 새로운 장벽을 높이기 위해 젊은 시절의 혼란스러운 이상을 바꿔버린 그런 사람들을 확실하게 조소할 수 있도록 해줄 것이다.

유럽 공동체 국가들에서는 이른바 '비합법적'이거나 '해롭다'고 여겨지는 자료들이 배포되고, 저속한 것이 전파를 타고 유통됨으로써, 국민들이 처하게 될 위험에 대해 오래 전부터 주목해왔다. 이에 때해 유럽 정부에서는 두 개의 중심 문건을 작성했다. 피에르 프라디에(Pierre Pradier)에 의해 작성된 '인터넷상에서의 해롭고 비합법적인 내용들에 관한 위원회 발표 보고서(Rapport sur la communication de la Commission sur le contenu illégal et préjudiciable sur le réseau Internet)'가 그 하나인데, 이 보고서는 1997년 4월 24일 유럽 의회에서 채택된 결의안의 본문이 된다.* 다른 하나는 프랑스와 필롱(François Fillon)의 요구에 따라, 앙트완느 보상(Antoine Beaussant)의 책임하에 작성된 '인터넷 헌장(Charte de l'Internet)'이다. 이 헌장은 그후로 '인터넷의 자기 통제에 관한 성찰의 주춧돌'이 되었다고 평가받았다.* 이 둘은 서로 다른 영역에서 같은 목표를 지향하고 있는데, 첫째는 네트워크에서의 도덕적 폭력에 가장 극명하게 노출된 개인들을 보호하는 것이고, 둘째는 이러한 폭력에 책임이 있는 사람들을 처벌하는 것이다. 실제적으로 인터넷이 공공질서를 해칠 수 있는 심각한 위험을 안고 있기 때문이다.1)

모든 사람은 아닐지라도 어떤 인터넷 사용자들, 특히 어린이와 청소년들이 '감염되기 쉽다'는 생각은 담론의 효과, 즉 도덕적·심리적으로, 경우에 따라선 사회적으로 작용하게 되는 담론의 병원체적인 효과라는 생각과 밀접한 상호관련을 맺고 있다. 유럽과 프랑스 당국에서는 아마도 영국의 철학자 홉스가 한 말을 떠올리면서, 인간들이 '서로에

---

1) 1996년 10월 28일 프랑스와 필롱이 앙트완느 보상에게 보낸 공문 서신에서 인용함.

게 상처를 주기 위해' 말을 사용할 수도 있다는 생각을 했을 것이다. 바로 이런 측면에서 그들은 다음과 같은 사실을 전세계에 주지시키려 노력하고 있는 것이다. 즉, 먼저 책임 소재를 확고히 해야 한다는 것으로 전문가이건 비전문가이건, 인터넷이나 아니면 보다 광범위하게는 네트워크상에서 이러저러한 형태로 정보를 내보내는 일을 담당할 사람을, 논란의 여지가 없게 지정하는 기술적·사법적 방법들을 마련해야 한다는 것이다.

전통적으로 통제를 행사하던 국가를 제외하면, 우리는 다음과 같은 사실을 확인할 수 있다. 책임의 문제, 특히 사법적 책임의 문제는 그것이 민사상이건 형사상이건, 프랑스와 독일, 그리고 확대해볼 때 유럽에 특유한 문제로 남아 있다는 것이다. 통신예절법령에 대한 미연방 최고 재판부의 판결에 두 번 나타나는 '책임(liability)'이라는 용어는 엄격하게 사법적인 관점에서 볼 때 인터넷에 관련된 사람들에게 이 책임을 적용시킬 수 없다는 것을 강조하는 데 쓰이고 있을 뿐이다. 그 반면, 유럽 쪽의 '책임(responsabilité)'이라는 말이 프랑스와 유럽의 제반 연구 계획에서는 사법적 형벌 차원에서 이 책임을 확실히 밝히는 데 쓰이고 있다.

이러한 개념은 행정적 언어에서 흥미로운 변화를 겪고

있다. '유해한 내용'과 '불법적인 내용'을 구별하면서, 공적 규제에 관한 문건을 만드는 사람들은 그 자체로 복잡한 상황들 각각에 대해 각기 구분되는 해답을 부여하려 애쓰고 있다. 그 상황들이 복잡한 것은 그것들이 때때로 어린이, 성인, 법률로부터 이미 규탄받고 있는 어떤 '내용들'[인종적인 증오를 선동하는 것이나 나치의 독가스 학살이 없었다고 부정하는 네가시오니즘(négationnisme) 등]과, 때로는 단지 비난의 대상이 되기만 하는 다른 내용들(예를 들어 사람들이 명확하게 규정하지 않으려 하는 '탈선적인' 포르노)과 관련이 되기 때문이다. 이런 식으로 범주를 구분하게 되면 단계적이며 강제적인 장치가 자리를 잡는 데 도움이 된다. 이러한 장치들에 함축된 바는, 범죄행위가 구성되고 그 주모자가 밝혀졌을 때 공권력이 간섭할 수 있다는 것, 그리고 필요한 정보처리 도구들을 지니고 있는 몇몇 사설 서비스 제공자들이나 부모의 권한이라는 좀더 친밀하고 언어적이며 상징적인 영역에서 검열의 책임을 맡는다는 것이다.

하지만 '유해한' 것과 '불법적인' 것의 구분 속엔 해결되지 않은 논쟁적 영역이 포함되어 있다. 네트워크의 독특한 전망으로 볼 때, 그리고 전세계적인 정보유통의 과정에 참여하고 있는 다양한 지역의 경계가 없어진다는 측면에서 볼 때, 이러한 구분은 실행하기도 설명하기도 어렵다. 우선 그 같은 구분을 실행한다는 것은 까다로운 일인데, 왜냐하면 어떻게 공권력이 인터넷의 실체와 그것의 편재성을 인정하면서, 즉 수백만을 헤아리는 세계의 어느 지역에서건, 그 어느 서버상에서건, 어떤 형태의 정보에도 접속할 수 있다는 것을 인정하면서, 동시에 '불법적인' 내용의 전파를 금지하고, 그것의 무조건적인 박멸을 계획할 수 있는지 제대로 파악할 수 없기 때문이다. 실제로 사법적인 죄과결정[2]은 그 범위가 어느 정도이건 지역적·국지적인 효력을 지니며, 법은 아직까지 국가적인 것으로 남아 있다. 아마도 국제적인 협력을 권유해볼 수는 있을 것이다. 하지만 불법적인 것과 합법적인 것을 똑같이, 다시 말하자면 '문명화된' 방식으로 규정하자고 다른 나라들에 강요할 수는 없는 것이다. 그러므로 받아들일 수 없는 것을 허가하느냐 또는 금지하느냐 하는 것만 선택해야 하는 것은 아니다. 실제로는 프랑스이건 독일이건 유럽이건 어떤 정해진 지역의 모든 사람에게 가상 공간의 개발에 참가할 기회를 부여해주느냐, 아니면 현대의 경전 해석승이 조심스럽게 그 문을 지키고 있는 문화적 사원 같은 것을 건설함으로써 그러한 자유를 단호히 거부하느냐 하는 중에서 선택해야 할 것이다.

---

2) qualification, 죄의 성격을 규정하여 법률을 적용하는 과정(옮긴이).

만일 인터넷이라는 것을 받아들인다면, 즉 인터넷이 계속해서 그 숫자가 변화하는 서버들의 접속이라는 것을 받아들인다면 기껏해야 저질이거나 '유해한' 정보를 문제삼을 수 있을 뿐이지 그러한 정보를 행정적·법률적으로 '불법화'시킬 수는 없다. 실제로 유해한 정보들이 전자 형태로 존재하면서 외국의 서버로 흘러들어 가게 되면 실정법의 지역적 권위에 대해 도전을 하는 것이 된다. 구체적인 예로 인종차별주의적 자료들을 지니고 있는 프랑스 서버나 네가 시오니스트적인 주제들을 인용하고 있는 어떤 프랑스 시민의 '웹사이트'는 그러한 자료들의 저자에 대한 사법적 절차와는 상관없이 무조건적으로 금지되어야 할 것이다. 이러한 조건하에서, 헤이트와치(Hatewatch) 기구[3]의 사이트 같은 데 저장된 정보를 중계하거나 통신을 통해 보내는 것은 바로 경범죄가 되어버린다. 아니면 이것은 인터넷이 다채로워짐에 따라 급속히 불합리한 것이 되어버릴 법률에 대해 섬세한 차이를 인정할 수 있도록 해달라는 요구가 된다. 그러한 것들이 해결되지 않으면 받아들일 수 없는 것에 대한 사법적인 죄과 결정을 계속 고집하고, 의심스러운 자료들의 불법성을 인정하며, 결과적으로 그런 종류의 정보에

3) 인종 차별에 반대하고 이를 감시하는 국제 기구(옮긴이).

접근하는 것을 차단하는 일이 남게 될 것이다. 이는 당연히 인터넷의 존재 자체를 부정하는 것이며, 위정자들의 명예를 훼손시키면서 사람들의 품위를 떨어뜨리게 될 선험적인 검열을 기술적으로 실시한다는 의미를 내포한다.

마찬가지로, 만일 유해한 것과 불법적인 것의 구분이 단순한 학술적 전제를 내세우는 것이어서는 안된다고 한다면 그러한 구분의 의미를 설명하는 일이 매우 어렵게 된다. 또한 '규제주의자들'의 태도를 규정할 때도, 그것을 조악하고 구태의연한 검열과 혼동하기 쉽다. 섬세한 차이를 더더욱 밀고 나아가 다음 두 가지 통제를 구분해야 한다. 그 하나는 하위적이고 사적인 권위, 즉 인터넷 접속 서비스 제공자나 부모들의 소관인 '실용적' 유형의 통제이다. 또 다른 하나는 완전히 '합법적'으로 행사되는 통제이다. 통신의 흐름을 확인하는 것, 기술적인 방법으로 어떤 정보들의 확산을 경우에 따라 금지시키는 것, 혹은 어떤 자료를 몰수하거나 몇몇 개인을 적발하기 위해 물리적인 간섭을 하는 것들은 합법적으로 적절하게 구성된 어떤 권력들의 소관일 것이기 때문이다. 이 같은 변증법을 동원한다 해도, 인터넷을 다음과 같이 파악하는 시각의 토대가 되는 전제들은 전혀 약화되지 않는다. 이러한 시각에서는 인터넷이 유해한 정신의 모호한 성운 같은 것이며, 통제수단의 도움없이는 이

유해한 정신으로부터 우리가 자신을 지킬 수 없고, 그 안에서 개인으로서, 시민으로서의 우리 자신의 존엄성은 사라지게 된다고 본다.

설명을 위한 시도

인터넷에 가해지는 규제적 폭력은, 실제적인 필요에서보다는 사고방식과 관계된 것 같다. 그것을 확인하려면 형식적이며 독선적인 기록들이 아니라 네트워크 옹호자들의 항의 기록들을 읽어보아야 한다. 그들에 따르면 네트워크는 분명히 그것의 이상과는 근본적으로 다른 이질적인 논리 속에 갇혀있다는 것인데, 이 논리에서 인터넷의 이상은 떨어져 나가 있는 것 같다. 그래서 예를 들어 인터넷사용자협회(AUI: Association des utilisateurs d'Internet)에서는 '인터넷 통신의 자기규제를 위한 틀'을 규정하기 위해 여러 가지 제안을 할 때, 확인된 증명보다는 평가에서 출발하고 있다. 그들은 "인터넷이 그 시초부터 여러 관계자들이 각기 책임을 맡는다는 것을 토대로 구상되었고 기능하였다."고 주장한다. 또한 '네티켓'이 부족해졌기 때문에 네트워크의 발전이 "민사상·형사상의 책임이라는 새로운 문제를 야기시켰다"고 개탄한다.[*] 그런데 네티켓이 급속도로 발전하여 충분해진다고 해도, 그것이 무책임한 인터넷 이용 태도가 책임감 있는 인터넷 이용 태도로 변화하는 인터넷 이용 태도의 발전과 동시에 이루어진다는 의미는 아니다. 네티켓의 급속한 발달이 의미하는 바는 그보다는 일정한 범주의 사람들에게는 '자연스러운' 예의가 전자적으로 나타나는 현상이 인터넷이라는 것이다. 대부분 기술자나 대학 교원인 이러한 범주의 사람들에게는 예의나 책임감은 문제가 되지 않으며 그보다는 직접적인 여건(donnée immédiat) 차원에 속하는 것이다.[4]

네티켓이란 하나의 관례로서, 네티켓에서는 무언의 것이, 네티켓에 대해 말해지는 것이나 네티켓에 의해 이루어지는 것만큼이나 중요한 자리를 차지한다. 네티켓은 또한 언어적이며 실제적인 규정들의 총체인데, 이것은 궁극적으로 전자적인 형태를 띠게 된다. 말과 행동 규칙들의 비체계적인 목록이란 아주 단순한 형태, 단순한 '예의'나 '범절'이라는 형태를 띠게 되는 것이다.

하지만 여기에도 분명 두 가지 반대가 있을 수 있다. 첫째, 네티켓이 탄생할 수 있었던 것은, 네트워크상의 게임규

---

4) 기술자나 전문가들이 컴퓨터 통신에 관련된 일을 할 때, 예의나 책임감은 일단 해결된 것으로 보고 일을 할 수밖에 없다는 의미. 그들이 예의나 책임감까지 염두에 두고 작업을 할 수는 없는 것이다(옮긴이).

칙들이 항상 존중되지는 않았기 때문이며, 네트워크의 사용을 불쾌하거나 '짜증나게' 만들 수 있는 용량 초과의 위험이 대두되었기 때문이다. 전자우편이 과도하고 시의적절하지 않게 사용되는 수도 있는데 실제로 그것은 짜증스럽다. 하지만 네티켓은 법전이라기보다는 어떤 원칙들의 집합체이다. 이 원칙들 덕분으로 네트워크 '관계자'들이 내재적인 방식으로, 그들 중 어떤 이들에게 규제 조치를 취할 수 있는 방법들을 마련하게 되는 것이다.

이는 현 회원이 신입회원을 지명할 때의 심판권 같은 것인데, 어떻게 보면 이는 커뮤니티 전체가 어떤 탈선행위나 그것을 저지르는 사람들을 거부하는 노력에 구체적으로 동참하는 형상이 된다. 그러므로 이러한 규제 조치들이 담론의 내용이 아니라 어떠한 행동들과 그 사회적 결과에 대한 조치가 되는 이상, 네티켓은 계속해서 완벽히 만족스럽고 충분한 것이다. 왜냐하면 네티켓의 '불충분함'을 규탄하고 필연적으로 '내용들'을 문제삼게 될 새로운 규제를 요구하게 될 경우, 설사 그것이 '인터넷 관계자들'의 작업에 기인한 것이라 하더라도, 다음과 같은 위험이 생기기 때문이다. 즉 스스로 판관이 되어야 하고, 또 그렇게 하는 것이 지나치게 거친 것이라는 감정이 들어서 자기들 스스로는 불쾌한 것을 거부하지 못하는 사람들의 양심이 되어야 하는 위험 말이다. 역설적이게도 '책임'이라는 주제를 옹호하는 것과, 거기에 형식적인 외양을 부여하려는 노력은 결국 우리가 다른 사람들을 근본적으로나 아니면 선천적으로 무책임하다고 간주한다는 고백에 지나지 않는 것이다.

둘째, 네티켓 자체가 '자연스러운 도덕'의 담론으로서 특정한 사회계급에 의해 결정된 윤리적 시각이라는 점에 대한 반대가 있을 수 있다. 다만 이러한 조건하에서도, 네티켓이 불충분해졌다고 생각하기보다, 절대적으로 변화되어야 한다고 생각하는 것은 나름대로 받아들일 수 있다. 이러한 변화는, 네트워크 자체가 겪은 사회적 변이를 모두가 받아들일 수 있는 규칙들 속으로 옮겨놓기 위한 것이다. 실제 네트워크는 점점 더 다양한 사람들, 즉 성인과 청소년들, 무지한 사람들과 무절제한 사람들, 또한 학자들과 예의의 측면에서 의심할 여지가 전혀 없는 모든 사람들 손에 맡겨지고 있는 것이다. 네티켓의 출현이 '자연스러울' 수 있었던 것처럼 — 네티켓의 출현이 어떤 권위의 표출이 아니라 네트워크상의 교환이 완성되고 발달됨으로써 나타난 직접적 결과였다는 의미이다 — 그것의 변화 자체는 '자연스러운' 것일 수 있고, 유럽 대륙에서 언제나 나쁜 뜻으로 해석되는 '시장의 힘'에 맡겨질 수도 있다. 매우 유치한 방식으로 우리는 여기서 별반 양심적이지 못한 '협력'을 생각하게 되는데, 이러한 협력은 지적으로 빈사 상태에 있는, 완전히 고립 상태에 빠져 있는 개인들에게 전체주의적인 경제법칙을 강요할 것이다. 그런데 이 경우에서 '시장의 힘'이란 것은, 요컨대 인터넷상의 '사이트'의 존재를 유효하게 또는 무효로 만드는 개인 대 개인의 통신 그 자체일 뿐이다. 통신의 자유란 바로 다음과 같은 사실에서 나타난다. 프랑스의 파스칼이나 몽테뉴가 월트 디즈니나 타임 워너 등과 같은 멀티미디어 조직들 또는 푸조(Peugeut)나 맛지(Maggi) 사 기계들의 광고들과 흥미를 겨룰 수도 있다는 것이다.

하지만 '시장의 힘'에 정보교환의 발전이나 규제의 책임을 맡긴다는 것에는 사실 특별한 어려움이 있다. 자유주의와 간섭주의 정책 사이의 전통적인 대립은 그러한 어려움을 드러내주는 의미 있는 하나의 징표이다. 어떤 의미에서는 여기서 개인과 개인의 위상 그리고 자유라는 문제가 순수하게 경제적인 문제의 변형으로서 재등장한다. 자유주의적인 논리에 따르면, 사고의 유통과 재화 및 서비스의 유통이 맺는 관계는 아주 명확하게 정립된다. 왜냐하면 미국의 통상 관계 국무장관(secrétaire d'Etat américain au Commerce)인 윌리엄 데일리(William Daley)의 말처럼 "재화와 사고는 그 어떤 방해나 간섭, 차단 없이 국가간에 상호 유통되어야 하기 때문이다."[5] 여기에서

주의해야 할 점은, 사고의 자유로운 흐름이 재화와 서비스의 자유로운 흐름에 대한 요구를 보증해주는 역할을 한다는 것이다. 후자가 전자의 물질적인 형태일 뿐이기 때문이다. 역으로, 간섭주의적인 논리에서는 그것의 강제 장치가 정확히 대칭적인 원리에 토대를 두게 된다. 경제적인 질서와 그 기능의 규칙성을 보호하기 위해 상품의 유통을 행정적으로 통제해야 한다면 사고 역시 통제해야 한다. 왜냐하면 사고란 가장 발전된 경제적 힘의 지적인 부대현상이기 때문이다. 이러한 측면에서 통신 전체, 특히 사적이건 공적이건 지적인 통신에 퍼져 있는 '규제 만능주의'를 보장해주는 것은 경제적인 구속의 개념이다.

이러한 조건하에서 '시장의 힘'에 대해 말하는 것, 그리고 이 시장의 힘에 네트워크상에서의 개인의 자유라는 표현을 결부시키는 것은, 자유주의적인 논리나 간섭주의적인 논리 모두가 빠져 있는 소외의 딜레마를 해결하려는 시도이다. 왜냐하면 이 경우는 경제적인 힘이 사고의 분배를 지배한다고 주장하는 것도, 사고가 국가간의 상행위를 보장해주어야 한다고 주장하는 것도 아니기 때문이다. 개인들이 존재하는 힘은 네트워크상에서 창조성이 문제가 되는

5) ≪뉴욕 타임즈≫, 1997.7.9., 전자판.
  http ://www.nytimes.com//library/cyber/week/070997/bonn.html

곳, 창조적인 언어를 진선미의 가치로서 투사하는 것이 문제가 되는 곳에서 나타나기 때문이다.

전자통신에 참가한다는 것은 단순히 상거래를 조작한다거나, 먼 곳의 친구에게 현재의 날씨를 알려주는 것이 아니다. 그것은 말을 만들어내는 것이고, 책임을 지는 것이며 동시에 그것의 무용성이나 이익이 초래할 수 있는 위험까지 감수하는 것이다. '시장'이란 모든 타인들이며 그들이 분별 있는 시각을 가졌다는 것, 그리고 그들에게 사고하는 법을 가르쳐줄 필요가 없다는 것을 전제한다.

그러므로 문제는 인터넷이 검열에 복종해야 하는가를 결정하는 것이 아니다. 인터넷은 자연스럽게 그리고 그 자체로, 다시 말해 주체들의 접속이란 현실을 통해 검열에 따르고 있기 때문이다. 오히려 중요한 것은 어떤 종류의 검열에 문제의 소지가 있으며, 어떻게 그것을 실행해야 하는지를 아는 것이다. 이런 측면에서, 전체주의적인 논리는 외부로부터 가해지는 논리이고, 개인에게는 그 자체로 간섭적인 모욕이 된다. 이 같은 논리는 개인들이 담론의 폭력이나 몰이해, 서투름 또는 광기 등을 맡아 처리하기가 불가능하다는 확고부동한 원칙을 토대로 하고 있는데, 이는 우리가 사람들 사이에서 실제적으로 이루어지는 통신의 규칙들을 만들어낼 능력이 없다는 완고하면서도 사법적인 의미에서 그러하다는 것이다. 그런데 위와 같은 논리는, 인터넷 이용자가 소수집단이라는 명제를 이용해 슬그머니 퍼져가고 있다.

인터넷 사용자들을 현행법에 복종시켜야 한다는 것은 아니다. 그들은 이미 거기에 복종하고 있다. 다만 거기에 덧붙여 어떤 사법적 틀을 구상해내는 편이 좋지 않겠냐는 것이다. 이 같은 사법적 틀 내에서는 사용자들이 어떠한 권리들, 특히 필요한 정보들을 선택하고 거부할 수 있는 권리들을 행사할 필요가 없을 수도 있다. 대중들에게는 여전히 이성이 부족할 것이다. '사이버 스페이스'에서 무한자유를 누리기에는 아직 확실한 준비가 되지 않은 것이다. 그러므로 우리는 인터넷 '관계자들'이 조건부로 조목조목 따져보기를 원한다. 그리하여 몇몇 세계 문화유산을 컴퓨터로 복제한 것이 진부하다는 데 깜짝 놀라기를, 혼돈 속에 자신들의 일을 해나감에 있어 지나치게 앞서 나가지 않기를 바란다.

이러한 조건을 숙지한 뒤에야 비로소 우리는 다음과 같은 생각을 해볼 수가 있다. 즉 '규제 만능주의적', '간섭주의적', '법률 만능주의적' 개념이라는 것, 다시 말해 인터넷에 행정적으로 접근하게 되면 거기서 어느 정도의 선의를 인정한다 해도 이론적으로는 곡해를 하게 되고, 또 인터넷

이 포괄하는 현실을 전체적으로 평가할 때 실수를 범하게
된다는 것이다. 아니면 고의로 그렇게 접근한 것이라고 할
때는, 말의 새로운 존재 양식에 대한 죄의식을 갖게 함으로
써 예방하려는 것이다. 이러한 말은 목소리라는 물리적인
공간과 어려운 글쓰기 차원에서 갑자기 해방되어, 대개 '철
자의 오류(cacographie)', 하지만 그렇게 부적절하거나 참을
수 없을 정도는 아닌 그런 오류 속에서 '텍스트화할' 만반
의 준비를 갖추고 있다. 아마도 우리는 먼 과거의 전통이
만들어낸 말의 순환고리에서 벗어날 수 있는, 그리고 다른
사람들이 우리말을 들어줄 수 있는 기회를 가지려면 '그
순환고리 속'으로 들어가야 한다는 식의 의무감에서 벗어
날 수 있는 수단을 아주 조금씩 갖춰가고 있는 것이다.6)

그러므로 우리가 네트워크 자체에 자기통제 능력이 있
다는 것을 받아들이지 않는다면, 그것은 오로지 가부장적
이며 모욕적인 전통 속에서 이용자들, 단순한 조작자들이
아니라 선택을 할 수 있는 이용자들에게 다음과 같은 데
대한 그들의 책임을 거부하는 것이 된다. 즉 그들의 담론과
그들의 권한에 대한 책임, 그들이 때로는 서툴게 때로는 재

---

6) 마르셀 데티엔느(Marcel Detienne), 「세속화 과정(Le procès de la
   laicisation)」, 『고전기 이전의 그리스에서의 진리의 교사들(*Les maitres
   de vérité dans la Grèce archaique*)』, Paris: Maspero, 1973, 5장.

치 있게, 그리고 극히 예외적으로는 뛰어나게 표현하려고 하는 가치들에 대한 책임을 거부하는 것이다.

그러므로 진정한 책임의 문제는 법이나 법률가들에 관련된 것이 아니라, 말 자체 그리고 그것의 통제와 관련된 것이다. 왜냐하면 거기에서 문제가 되는 것은 바로 인간성의 새로운 조직 형태이기 때문이다. 그러한 조직이 의미하는 바는, 하버마스(Jürgen Habermas)의 표현을 빌리자면 "어떤 주체에게 말과 행동을 할 수 있게 해주는, 그리하여 그 주체를 몰이해의 과정에 참여하게 하여 거기서 자신의 정체성을 찾을 수 있게 해주는 능력들"[7]이다. 인터넷은 말이 부여해주는 이 같은 존재의 힘을 즉시 느낄 수 있는 방식으로 제공해준다. 그리고 바로 이런 점에서 책임이 문제되는 것이다. 존재한다는 것은 단지 말한다는 것이 아니라, 말이 진행되는 과정 속으로 들어가 거기서 우정이나 몰이해와 대면하는 것이다. 또한 우리가 말을 걸거나 아니면 그 생각을 이해하려 애쓰는 사람과 결코 동일한 담론의 차원에 있지 않는 것인데, 이것은 때로는 그 사람을 앞질러가기 위해서이고, 또 때로는 일시적으로 혹은 영구히 그 사람이

---

7) 하버마스(Jürgen Habermas), 『소통 행위 이론(*Théorie de l'agir communicationnel*)』 2권, 『기능주의적 이성 비판(*Critique de la raison fonctionnaliste*)』, Paris: Fayard, p.152.

미치지 못하는 곳에 있기 위해서이다. 말하기에 적절한 것을 미리 결정하자고 주장하는 것, 그리고 본질적으로 생물처럼 스스로를 모색하며 구성되는 담론, 와해되고 다시 조직되어가면서 소멸되거나 공고해지는 담론을 미리부터 다듬자고 주장하는 것은 명백하게 사고의 과정을 대체하려는 것이다. 단순하게 사회적 행동들을 규제하자는 것이 아니라, 그러한 행동들이 강압적으로 규정되어야 할 사고의 틀을 정의하자는 것이다. 이러한 현상에 만일 '폴라무르(Folamour) 박사'[8]의 익살이 있다면 흥미로울 수 있겠지만, 불행히도 거기에는 무의미하며 강압적인 행정 규제의 냉혹함과 영속적인 번거로움이 있을 뿐이다.

확실히 인터넷 앞에서는 말 그대로 **난감함**을 느끼게 된다. 이러한 난감함은 어느 정도 당연한 것이다. 왜냐하면 인터넷이라는 현상이 진실로 생각할 만한 가치가 있는 것인지, 그것을 충분히 명확하게 밝혀줄 범주들을 우리가 가지고 있는지가 확실하지 않기 때문이다. 하지만 **불편함**으로 말하자면, 우리가 흔히 확인할 수 있는 바와 같이 결과적으로 권력이 반드시 짜증을 부리는 것도 아니다. 이 같은

---

8) 스탠리 큐브릭 감독의 영화 제목으로 인간들의 광기와 핵 전쟁의 위험을 풍자한 블랙 코미디이다. 폴라무르 박사는 미국인들이 회유한 옛 나치 학자로 세계의 종말에 열광하여 다시금 움직이기 시작하는 광기 어린 인물이다(옮긴이).

짜증은 실정법의 생산 측면, 기계적으로 필요한 이 같은 생산 측면에서밖에는 찾아볼 수 없는 것이다. 뒤집어서 말하자면, 권력의 불편함이라는 것, 그리고 인터넷상에서 개인을 절대적으로 자유로운 존재로 생각하지 못하는 것은—이때의 자유란 다른 사람들의 자유가 승인해주는 자유라는 의미에서인데, 그렇게 볼 수 있는 이유는 말이 이어지거나, 아니면 그 자체로 버려져서 잊혀지기 때문이다—시간도 부족해 보이고 방법도 없기 때문에, 미리 생각한 것이 아니라고 할 수 있는 인터넷에다가 확실하게 고착된 결정들을 대치시키는 데서 기인한다. 이 같은 결정의 확실성과 단순성은 사람들의 시선을 끌 뿐만 아니라 지지를 얻어내게 될 것이다. 포르노나 헌법 개정주의에 대해 반대운동을 펴는 것은 우리 모두가 전체적으로 극단적인 언어와 영상들을 규탄하는 데 합의하고 있는 만큼 별로 힘이 들지 않는다. 하지만 인터넷의 존재를 그러한 과도함과 결부시키거나, 공공 정책들을 네트워크 현상의 이 같은 부차적인 양상에 따라 규정하려 한다면, 그것은 아마도 병적인 방식은 아닐지라도 어리석은 일이 될 것이다.

자유와 개인의 힘에 대해 '규제주의자'들이 내세우는 개념은 밀접하게 관련된 다음 두 가지 성격을 드러낸다.

첫째, 이동 현상이 있다. 이것이 의미하는 바는 사람들이 통신 자체라는 본질, 생각하기 어려운 이 본질로부터 멀어지게 된다는 것이다. 그렇게 해서 '유해하다'고 받아들여진 것이나, 법률에 의해 '비합법적인 것'이라고 인정된 것들에 주의를 집중시키게 된다는 것이다. 이때 유해하거나 비합법적인 것은 섹스나, 불만으로 가득 차서 인종차별주의적 헌법으로의 개정을 주장하는 몇몇 도당들이 보여주는 위험한 잔학성과 관련된 것이다. 이렇듯 인터넷의 실체는 특별한 사회문제라는 매우 자의적인 틀 속에서만 감지된다. 그리고 종국에는, 엄청난 통신의 자유로 인한 정치적·경제적·사회적 폭발의 위험을 상기시킴으로써 야기되는 불안을, 네트워크와 그것을 지배하는 무질서의 전형처럼 제시되는 타락의 영역에다 옮겨 놓게 된다.

둘째, 바로 위와 같은 사실에서 **집중**의 현상이 일어난다. 이제 성(性)이나 인종차별주의는 사회적인 문제나 가난 또는 교육의 문제가 아니다. 그룹간의 오해나 개인의 방치 또는 개인의 뿌리뽑힘에서 기인하는 것도 아니다. 그것들은 그보다는 네트워크 전체의 문제를 구체화시켜 보여준다. 또한 이 문제들에서 관건이 되는 것은, 어쨌든 전자적인 형태에서는 공동체적 삶의 모든 영역을 포괄하게 된다. 성의 문제는 그것이 법률의 제정을 필요로 하고 권력을 문제삼는다는 측면에서는 정치적인 문제이다. 또한 국가를 넘나

드는 재정 거래를 성사시킨다는 측면에서는 경제적인 문제이다. 아울러 젊은이들을 타락시키고, 성인들의 관심을 당연히 그들의 몫이 되어야 하는 고귀한 노동과 가정의 가치로부터 멀어지게 하기 때문에 사회적인 문제라고 할 수 있다. 하지만 판단기준이 없기 때문에 입법가들은 괴롭다. 그들은 굳이 기준이 존재할 필요가 없다고 생각해버림으로써 그러한 괴로움에서 벗어나길 바랄지도 모른다. 자명한 사실을 거슬러가면서 네트워크가 특별한 성격을 가지고 있지 않다고 주장하는 것, 네트워크는 모두가 마음대로 할 수 있고 파악할 수 있는 것이며 결국 네트워크상에서 모험을 하는 사람들은 그들의 거리나 동네, 마을, 그들이 속한 구역에서 모험을 하는 것이나 똑같다고 소리 높여 외치는 것 외에 어떤 더 적절한 방법이 있을 것인가? 다행히도 헌병들이 대기중이다!

친밀함으로 인한 혼란

『고결한 현실(*Virtuous Reality*)』이라는 저서를 발간, 소개하면서 광고업자인 존 카츠(Jon Katz)는 똑같은 담론, 반대, 욕설, 잘못된 문제들과 끊임없이 마주쳐야 한다는 데 대해 불평했다. 마치 자신의 독자나 청중이 인터넷으로부터 포르노에 관련된 주제들만 받아들이기라도 하는 것처럼 말이다. 그가 주목할 수 있었던 것은 다음과 같은 점이었다. 즉 문제가 거기에 있지 않다는 것을 그 누구도 생각하지 못하고 있는 듯 보인다는 네트워크상에서 때때로 오고갈 수 있는 증오의 담론들에 문제가 있는 것이 아니라는 것이다. 문제는 오히려 말 그 자체를 포착하고 그것을 법적으로 유효화시키는 과정에 있는 것이다. 그런데 이러한 유효화 과정의 기본적인 원칙들은 네트워크의 불확실한 전자적 상태 때문에 흐려지고 있는 것 같다.

그것이 의미하는 바는 인터넷상에서 관건이 되는 것이, 저질스런 내용에 의해 의당 유발되는 혐오감이나 난감함, 또는 그 내용들에 관한 평가의 문제로 귀착되지 않는 것이다. 이러한 평가의 문제는 제기되지도 않고 있다. 그렇기 때문에 점차 구체화되고 있는 양자택일의 문제는 자유나 억압 중에서 어느 것을 택일하느냐 하는 문제가 아닌 것이다. 그 형태상, 법률 만능주의가 순전히 감정적인 방식으로 공공 정책 및 그것이 야기시키는 반응의 일람표를 좌지우지하는 한은 그럴 수도 있겠지만 말이다. 문제는 그보다는 개인과 개인의 사고가 방향을 잃고 헤매게 내버려 두든가, 아니면 그 반대로 통신도구 및 그것의 초국가적 성격에 의해 야기된 보편성의 의미를 통제하든가 하는 것 중에서 어느 것을 선택하느냐 하는 것이다. 위계질서가 뒤집히고 말하고 글 쓰는 기회들이 점점 확대되고 있다. 진리나 선의 문제가 아니라, 말소리와 그것이 의미하는 바가 무엇인지하는 문제를 다시 제기해 봐야함을 시사한다. 과거에 사람들은 라디오나 만화영화가, 그리고 그 이후엔 텔레비전이 사람을 바보로 만든다는 데 대해 온갖 논란을 벌여왔다. 그리고 지금도 여전히 '지적(知的)'인 텔레비전 시청자가 될 수 있는 방법이 있다고 주장하고 있다[이때는 미디어의 자기성인화(autocanonisation médiatique) 같은 것에 의해 텔레비전은 더 이상 텔레비전이 아니게 된다]. 이들은 또한 텔레비전의 저속함과 우둔함의 그물에 몸을 맡기는, 저속하고 경멸스런 TV 시청 방법도 있다고 주장한다.

네트워크의 실행에 대한 비난들은 그 내용면에서 과거의 도덕적 위축과 매우 흡사하다. 왜냐하면 이러한 비난들은 몇몇 도덕적 엘리트들 중심으로 지성과 자제를 훈계하며 수많은 타락한 대중들, 특히 청소년과 유년기 아이들의 어리석음을 비난하기 때문이다. 실제로 인터넷에 대한 반대는 다음과 같은 확증에 의해 더욱 힘을 얻게 되었다. 즉 언어 행위 도구들은 더 이상 언어를 전문적으로 사용하는 사람들 주위에 몰려 있는 것이 아니라, 네트워크상에 퍼져 있는 숱한 사용자들의 수만큼이나 많은 목소리 속에 흩어져 있다는 것이다. 문제는 바로 이러한 흩어짐에 있다. 즉 아무런 거리낌없이 주어지는 관점, 표현, 담론들, 혹은 그것들을 동반하는 멀티미디어적 서비스가 근본적으로 돌이킬 수 없는 것이라는 데 있는 것이다.

이렇듯 개인의 말을 일정한 형태의 보편성으로까지 고양시켜야 한다는 데 어려움이 있다. 사람들은 정통파적인 도덕주의의 선입견들로부터 이러한 개인의 말을 지키려 하지만, 이 개인의 말이 대개는 불협화음이나 철자오류 등을 받아들이기 때문에, 이해할 수 없게 되는 것이다. 이 점은 미묘한 것이다. 어떤 의미에서 표현의 자유는 아주 단순하게 그것의 역으로서의 규제 만능주의와 대립된다. 다시 말해 어떤 원칙이 우발적이거나, 진정한 의미의 적법성이 결여된 우연한 실행들에 대립될 수 있는 것처럼 말이다. 하지만 이 둘은 다른 방식으로 대립될 수도 있다. 즉 규제 만능주의가 단조롭고 아무런 사상도 들어 있지 않은 것이 되어 단지 도덕의 위축만을 보여주고 실체와 내용, 궁극적으로는 용기가 결여된 지적인 태도만을 보여주게 된다는 것이다. 사법적인 방식에 의존하는 것은 결국 손쉬운 방법일 뿐이며, 설득력의 부족을 전제하고 있을 따름이다. 이러한 설득력의 부족은, 그 국민에 그 정부라는 아쉬움을 남겨줄 뿐이다.

반면, 자유충동의 유혹은 대단히 모호하다. 왜냐하면 그것은 예를 들어 몽테스키외가 '철학적 자유 사상'이라고 불렀을 법한 것뿐만 아니라, 그것이 전제로 하는 존재 선택의 중요성, 그 선택 속에 내포되어 있는 가치들, 그리고 우리에게 가능한 진술 등도 지칭하기 때문이다. 증오의 담론들로 되돌아가 보면, 이러한 담론들은 인터넷 사이트의 본질은 아니지만 거기에 유숙자(留宿者)처럼 머물고 있고, 게다가 선의를 가진 사람들이 어떤 식으로 항변하든 거기서 다시 나타날 것이다.

이러한 담론들이 나타나는 방식은 두 가지이다. 첫째, 그 자체로 존재하는 것이다. 즉 이해할 수 없는 개인적·집단적 광기 속에 명백히 빠져 있는 사람들이 분노를 왈칵 쏟아내는 형태로 나타나는데, 그들은 논리적인 사고를 내세울 수가 없기 때문에 수사학적인 궤변을 자기네 것으로 삼아 지적인 적법성을 구걸하는 것처럼 보인다. 네트워크 속에 흩어져 있는 이러한 사이트들에는 그 추종자들이 있는데, 이들은 함께 모여 타인들에 대한 그들의 증오심을 언어로 배양하며, 때로는 그들이 살인자가 될 수도 있다는 가련한 혁명적 환상 속에서 비극적 상황들을 야기시킨다.

두번째로 그러한 사이트들은 고발의 형태로도 존재한다. 다른 사이트들이 이 사이트들을 지적하고 여기에 반응을 보이기 때문이다. 이때 다른 사이트들은 누군가의 광기를 감추고 지워주는 것이 아니라, 그들의 몰상식을 드러내고 아울러 그들을 비난할 수 있는 논리적 근거를 보여준다. 헌데 검열이 아닌 이와 같은 드러내기는 개인과 집단 모두에게 가장 효과적인 도덕적 교화수단임이 밝혀지고 있다. 바로 이런 드러내기를 통해 인터넷은 위험이 아닌 기회가 되는 것이다. 다듬어지지 않았건 다듬어졌건, 어리석은 행동은 눈에 띈다. 그리고 우리들은 시간을 가지고 그것을 분석할 수 있는데, 이때 분석의 출발점은 우리가 그것에 대해 가정하는 것이나 그것을 옹호한다고 상상하는 이들이 아니다. 그 출발점은 허풍을 떨고 잘난 체하면서(이는 결국 그것의 무가치를 드러낼 뿐이다) 그 자체에 대해 말하는 어리석은 담론 그 자체이다. 자유는 용인할 수 없는 것의 문제를 회피하지 않으며, 모든 복잡한 층위에서 그 문제를 제기한다. 말속에도 영상 속에도 용인할 수 없는 것들은 존재한다. 그것들을 사법적으로 박멸하려는 시도는 문제를 억제한다기보다는 악화시킬 뿐이다. 그것들을 드러냄으로써 우리는 그것들을 흐려지게 하지 않으면서 없애버릴 수 있고, 그것들을 있는 그대로 드러내면서 거기에 치명타를 가할 수 있는 가장 확실한 방법들을 찾아낼 수 있다. 그 방법이란 말과 말의 이치다.

그러므로 인터넷의 현실을 파악하는 데도 두 가지의 방식이 있다. 첫번째로는 반응성 방식이 있다. 즉 현대사회가 겪고 있는 해악에 대한 담론에 자유롭게 접근하는 것을 막음으로써 그러한 해악들을 근절시킬 수 있다는 주장인데, 담론에의 자유로운 접근이 시민들의 지적·도덕적 '진보'에 기여하기는커녕, 증오와 비열함의 싹을 감추고 있기 때문이라는 것이다. 두번째 방식은 무언가 비합리적이고 감정적이며 순수하게 욕망하는 어떤 것이어서 문제와 논쟁점을 포함하고 있는 자유의 어떤 측면에서, 풀어낼 수 없는 통신의 매듭들을 이해하려 노력하고 또 거기에 대처하는 것이다. 이로써 우리는 '언어 행위의 자유'가 그 자체로 단순명쾌한 가치가 아니며, 자신과 타인에 대한 여타의 의무들을 대체할 수 있거나 대체해야 할 가치가 아님을 이해할 수 있게 된다. 문제가 되는 것은 우리가 우리 자신에 대해 말하는 것이다. 그리고 우리의 책임이란 우리를 내보이면서 타인을 고려하고 의사소통의 관계를 존중하는 것이다.

그러므로 편협한 법률 만능주의는 무미건조하지만, 자유 우선주의는 혼란스럽다. 그 중요한 이유는 무엇보다도 우리가 전자의 본질과 그것이 가져다주는 안정에 대해서는 확신할 수 있는 반면, 자유의 진정한 개념을 터득하고 있다고는 결코 확신할 수 없기 때문이다. 그러한 자유의 개념은 우리의 존재와, 존재에 대한 우리의 이해를 계속 모호한 형태로 답보하고 있다. 우리가 정신의 독립성, 인생의 지침이 되는 범주들이나 공리들을 생각해내는 자발성에 대해 확신하고 있다 하더라도, 이기심에서 완전히 벗어나지 않는 한, 우리는 다음과 같은 사실 즉, 우리의 판단들은 확실하게 우리 자신의 것이지, 문화적인 혼란에 사로잡힌 정신의 이상스러운 동요가 아니라는 사실에 대해 다른 사람들을 설득할 수도, 진정하게 우리 자신을 설득할 수도 없다. 개인적이며 사적인 말은 그것이 무엇이건, 그 말을 내뱉은 사람의 확고부동한 가치관과—비열한 자들이라 해도 그들도 역시 사람인 것이다. 설사 그들이 다른 사람들이 그렇다는 것을 거부한다 해도 말이다—그것의 실체에 담긴 극도로 미세한 의미작용 사이의 긴장을 여실히 보여준다. 이러한 말의 실체는 네트워크에 의해 더욱 명확하게 부각된다. 네트워크상에서는 모두가 수다를 떨다가 나중에는 들리지 않게 되는 광대한 공간 속으로 개인의 말이 사라져버리기 때문이다.

이런 측면에서, 자유를 주장하는 것은 어떤 확신을 주장하는 것이 아니라 문제가 있음을 주장하는 것이다. 예를 들어 '자유언론[프리 스피치(Free Speech)]'의 원칙은 미국에서 인터넷을 옹호하는 기구들의 토대가 되고, 게다가 미국 헌법에 명시되어 있기까지 하지만, 그것을 개인들이 세계 속에서 아무 제한 없이 말을 쏟아놓을 수 있는 권리 같은 것이라 추상적으로 이해해서는 안된다(이때의 세계란 담론의 세계뿐만 아니라 타인들의 세계, 그리고 공존의 세계를 말한다). 왜냐하면 확고한 자유 속에서 말은 단지 말일 뿐만 아니라 행동이기도 하기 때문이다. 즉 자기가 자기 자신에게 하는 담론, 때로는 생각이나 분노를 일으키게 되는 내적인 숙고나 성찰 이상이 되는 것이다. 이러한 말은 다른 사람에게 가는 길을 열어주지만, 그것은 확고한 의미보다는 불안정한 의미를 지닌다.

여기서 말한다는 것을 소심한 사람들의 활동이라는 식으로 이해해서는 안된다. 많은 사람들이 그러하듯 인터넷의 화자들이 가지는 불안정성이 도덕적인 불안정성이라고, 즉 호기심이 많은 사람은 성도착자로, 타락한 사람은 살인자로 만들어버리게 될 그런 불안정성이라고 말하려는 것은 더욱 아니다. 이러한 불안정성은, 말의 이치들이 갖는 자명성을 받아들이기만 한다면 담론에 본질적인 것이라 할 수 있다. 담론이 아무리 명확해 보여도 언제나 확실한 설득력을 가지는 것은 아니며, 끊임없이 오류를 반복하고 오해를 야기시킨다. 말을 하는 것이 행동하는 것이라면, 말을 하는 동시에 원하지 않은 결과를 야기시키는데, 이러한 결과는 가장 명징한 이성으로도 피해갈 수가 없을 것이다. 이런 점에서 말의 자유가 1차적인 것은 아니라고 할 수 있다. 그것이 하나의 원칙이라 하더라도 그 원칙은 하위 원칙이며 어떤 이성의 질서에 종속이 되는데, 이 이성의 질서는 우리가 언제나 바로잡을 수 있는 것은 아니다. 여기서는 우리가 다른 사람들을 혼란스럽게 할 수 있는 만큼 우리 자신들도 혼란스러워질 수 있다.

이런 측면에서 양극단을 피하는 것이 중요한데, 이때의 양극단이란 사실상 동일한 도덕적 위축의 서로 상반되는 두 가지 형태인 것이다. 첫번째 형태는 잘 알려진 바와 같이 보수주의자들의 것인데, 이들은 편리함이건 관례건 또는 호기(好機)이건 여러 다양한 이유에서 그들이 시민사회에 대한 정화된 비전을 가지고 있다고 생각한다. 단지 자신들에 반대하는 것들을 그들이 없애버리려 한다는 이유만으로 말이다. 하지만 사실 그들은 어리석을 정도로 편협하고 공리적인 법의 해석만을 옹호하고 있을 뿐이다. 물론 혼란을 야기시키는 모든 이들로부터 벗어나긴 해야 할 것이다. 하지만 사람들은 그들이 '텍스트 차원에서의 공적 질서의 혼란'이 무엇인지를 설명해 주었으면 할 것이다. 왜냐하면 인터넷이란 결국 어떤 형태로건 텍스트적인 것이며, 더더군다나 가장 사라지기 쉬운 형태인 순수한 전자적 유통의 형태로 된 텍스트일 뿐이기 때문이다. 컴퓨터에서는 '제거 (discard 혹은 remove)' 같은 매우 편리한 명령어의 사용이 허용되고 있는데, 그러한 명령어들을 빈약한 논증에 적용할 수 있었으면 하고 바랄 수도 있을 것이다.

다른 극단은 다루기가 더 어렵다. 자유주의적인 입장은 개인과 이 개인의 말이 양도 불가능하다는 사실에 토대를 두고 있다. 이렇게 해서 표현의 자유는 원칙으로 제시되고, 또한 인터넷에 대한 공공정책 전체를 좌지우지해야 할 것이다. 경제 사회적인 맥락에서건 개인의 존재 자체와 '사생활'의 맥락에서건 말이다. 그런데 그러한 프라이버시의 이상에 반대한다는 것은 쉬운 일이 아니다. 그런 생각을 왜 품어야 하는지조차 자문해보게 된다. 하지만 '사적인 것'도 결코 그 경계를 쉽게 정할 수 있는 것이 아니다. 만일 단순히 마음에 품고 있는 생각의 숨결들이 문제가 된다면, 일찌감치 거기에서 무관심하게 시선을 돌리도록 하거나 수학에 관심을 쏟게 했을 것이다. 하지만 프라이버시의 개념은 자기 자신에 대한 확신의 개념과 밀접하게 연결되어 있다. 별반 논쟁의 여지가 없는 주체의 사법적 양도 불가능성과 연결되어 있는 것만이 아닌 것이다. 이렇듯 자기 자신에 대한 확신이 양도 불가능하다는 것, 바로 그것이 추문[scandal]이 되는 것이다.

'사생활'의 문제가 세 가지 차원의 문제라는 점을 이해해야 한다. 첫째로 인간들 개개인의 전체성, 특히 도덕적 심리적 차원에서의 전체성을 드러내는 것이 문제가 된다. 개인과 그들의 신념을 존중한다는 측면에서, 자유를 옹호하는 사람들은 규제주의자들과 같은 맥락에 있다. 비록 개인들을 확실하게 보호하기 위해 사용하는 방법에 있어서는 서로 대립되긴 하지만 말이다. 그것은 법의 결여나 강요에 의한 보호가 아니라 주의와 배려, 즉 감정적인 친근함과 대화에 의한 보호이다. 실제적으로 그 순간부터 사생활의 범위는 사적인 개인의 보호라는 범위가 된다. 디지털에 대한 문맹이라는 개념을 근거로 네트워크에 난폭하게 접근하는 규제 만능주의와는 반대로, 자유의 진영은 '인터나우테스'의 사회적 현실과 맥을 같이 하고 있다. 그들은 교양은 있지만 부자는 아니며, 일반적으로 말하듯 포르노의 성격이 있는 영상들을 내려받는 것보다는 '정보를 얻는' 경향이 더 강하다.

하지만 두번째로 말해야 할 것은, '사생활'의 문제가 네트워크의 발전 및 그로 인한 행동의 다양화에 의해 초래된 폐해 같은 것들과 동시에 나타났다는 점이다. 왜냐하면 '사생활'이 침해를 받는다는 것은, 원하지도 않는 전자우편물의 수신 대상이 된다는 것이기 때문이다. 이러한 우편물들은 특히 지긋지긋하고 아무 흥미도 없는 광고의 형태로 나타난다. 그것에 대해 불안을 느낀다는 것과, 그것을 네트워크에의 접근을 봉쇄하는 구실로 삼는다는 것은 다른 문제다. 네티켓의 용어로 말하자면 '금지'되었다고 할 수 있는 전자우편물의 대량 발송이 첨단 기술에 의해 가능해진 것과 마찬가지로, 거기에서 벗어나는 것 역시 첨단 기술에 의해 가능한 것이다. 통신 소프트웨어에서 점점 더 많이 사용되고 있는 '여과장치들'이 그 예라 할 수 있는데, 그 덕분에 정보가 오는 곳이 잠재적으로 해롭다고 미리 규정해 놓은 메시지들을 우선적으로 자유롭게 삭제할 수 있게 된 것이다. '사생활'의 침해는 사회적 해악이다. 인터넷 사용자들의 공동체는 이러한 해악을 자발적으로 그리고 자유롭게 경계하는 방법을 터득했고, 또 지금도 터득해가고 있는 것이다.

반면 프라이버시의 문제가 곤란에 부딪치게 되는 것은 다음 세번째 점 때문인데, 이것은 오히려 법률 문제이다. '사적'이라고 명명된 것의 핵심에 위치하고 있는 것은, 개인에게 있어 내밀하고 돌이킬 수 없으며 양도할 수 없다고 생각되는 것, 한마디로 말해 그의 정신적·도덕적·형이상학적·실존적 가치이다. '사적'이라는 것이 딱히 어떻게 결정할 수 없는 것이기 때문에 쓰고 싶은 용어를 마음껏 사용

할 수 있을 것이다. 그것은 개인이 갖고 있는 확신의 두께
나 신념의 전체에 의해 드러난다. 단지, 이러한 결정 전체
를 통해 우리는 바로 사적인 차원이 아닌 공적인 차원, 이
타성의 차원에 속하게 되는 것이다. "산 자들을 지배하는
것은 산 자들이 아니라 죽은 자들"이라는 콩트(Auguste
Comte)의 말을 기억해야 한다. 우리의 이상은 단지 우리들
만의 것이 아니라, 우리가 잠시 맡고 있는 역사의 역동적인
산물이자, 다음 세대들의 환상 속에 우리들 자신의 존재의
힘이 투사된 것이다. 여기서는 이제 더 이상 개인이나 인격
이 문제되지 않으며 '사생활' 또한 문제되지 않는다. 지나
친 이기주의나 자만에 의해서가 아니라면 말이다. 이 같은
이기주의나 자만은 자유와 개인적 가치에 대한 잘못된 개
념에 집착하고 있는 절대 자유주의에서 비난해야 할 점이
다. 개인들의 가치를 구성하는 이 같은 사고력을 통해 볼
때 우리는 단지 결합, 그리고 이데올로기적인 뒤얽힘에 직
면해 있는 것이다. 이때, 이데올로기적인 뒤얽힘은 우리 속
에서 유지되고 강화되거나 아니면 동시대인들의 협력으로
마치 과거와 미래 세대들이 구분 없이 하나가 된 것처럼
와해되기도 한다. 다음과 같은 오류가 '개인주의화'한 탓으
로 돌려지고 있는데, 그것은 좀 과중하다고 할 수 있다. 이
때의 오류라는 것은 사적인 영역을 가족이나 공동체라는

실제적 윤곽으로 축소시킨다는 것이고, 그럼으로써 사실상으론 단순한 사건의 연속에 지나지 않는 것에 실체를 부여한다는 것이다. 모든 인간 현실은 그것의 사적인 면에 있어서는 우연성을 지닌다. 그것의 필연적이거나 '실체적인' 면에서 인간 현실을 특징짓는 것은 그것이 타인을 향해 열려 있다는 것이고 끝없는 상호관계의 작용 속에서 펼쳐지고 있다는 것이다.

이로부터 인터넷은 이러한 상황의 놀랄 만한 축도가 된다. 인터넷에서 사기업들의 부정직한 행위나 행정의 폭력으로부터 '사생활'을 보호하는 것이 필수적이라면, 그것은 개인성의 사회적·물리적 외양들이 우리가 손쉽게 이용할 수 있는 유일한 것이기 때문이며, 다음과 같이 할 수 있는 아주 훌륭한 기회를 제공해주기 때문이다. 그것은 과감하게 상업적 이익들을 보호하는 기회가 될 수도 있고, 원인을 완전히 무시한 채 난폭하게 확실성을 강요하는 기회가 될 수도 있다. 하지만 사적인 개인의 이름으로 사적인 개인을 보호하는 것이 바람직하지는 않다. 사적인 개인은 그 공격자들로부터 보호되어야 한다. 불법적이고 우연적인 원칙들 때문에 개인의 자유를 대상으로 삼는 공격으로부터 보호되어야 하는 것이다.

하지만 이러한 보호는 개인의 이름으로 개인 자신을 위

하여 행해지는 것이 아니다. 왜냐하면 사적인 개인은 자신을 소유하지 않으며, 본질적으로 자신을 내어주는 이타성을 갖고 있기 때문이다. 이것이 의미하는 바는 개인의 자유가 네트워크상의 경험을 정당화시키는 근거가 되지는 않는다는 것이다. 그보다는 어떤 합리성의 형태를 이같이 용인할 수 없는 개인의 자유라는 원칙 속에서 찾을 수 있다. 이때의 합리성이란 말의 공유, 자기를 드러냄, 불안정성, 그리고 상처받기 쉬운 정신의 불확실성에서의 합리성이다. 그러므로 원칙적으로 그리고 절대적으로 '사생활'을 보호해야 한다. 그것이 내적이고 아무 이해관계도 없는 것이기 때문이다. 그리하여 말의 자유에다가 네트워크라는 특권적인 길을 열어주어야 한다. 그 길을 통해 사람들은 언어의 불일치 속에서도 자신의 존재에 의미와 실체를 부여하는 노력을 할 수 있기 때문이다. 이런 의미에서, 인터넷은 결국 확신을 전체적으로 중단시키는 잠재적인 공간일 뿐이다.

결론

자유의 행사, 규범에의 배려, 그리고 개인의 행복 추구를 동반하는 자기 긍정, 이것이 사회적·정치적 영역에서 유지되는 인간들의 열망을 전체적으로 요약한 것이다. 그런데 인터넷이 확산되면서 이런 식으로 요약한 우리의 함께 사는 삶이 기이한 색채로 물들여질 수가 있을 것이다. 왜냐하면 이 같은 확산이 다음과 같은 발견을 나타내는 것처럼 보이기 때문이다. 즉 우리가 개인적으로 함께 사는 삶을 책임지고 있으며, 행복과 번영의 도구, 사회 질서의 도구, 우리에게 새로운 정치적 지평을 열어주게 될 도구들이 마침내 우리 모두, 우리 각자의 손이 미치는 범위에 있다는 것의 발견이다. 우리는 인터넷 사용자들이 어떤 '도덕', 곧 네티켓의 창시자들이며, 그들이 어떤 가상적 공동체, 곧 인본주의적 이상을 중심으로 하여 자발적으로 조직되도록 촉구된 이 공동체의 몸체 자체를 이룬다는 것, 종국적으로는 그들을 통해 시민사회와 그 정치적 조직이 긍정적이고도 지속적으로 변화하리라는 희망이 유지된다는 사실을 확인하게 된다. 그리하여 새로운 통신 방식, 그리고 인터넷 접속의 폭발적인 증가는 인간과 시민에 대한 독창적인 개념과 인류와 그 역사의 새로운 시대를 예고한다고도 할 수 있을 것이다.

그러나 전통적인 매스커뮤니케이션망, 특히 미디어와 달리 인터넷에서는 행위자들 상호간의 반응, 그리고 말의 즉각성과 자발성이 야기된다. 이로 인해 일반적으로 담론은 사고와 성찰과 준비를 하지 않을 때만, 요컨대 발화자 주체의 시간과 일관성을 고려하지 않을 때만 그것 나름의 일관성을 갖게 되는 것이다. 그런데 여기서 발화자 주체는 더 이상 그의 개인사나 확실하게 알아볼 수 있는 존재적 가치에 의해서 확인되는 것이 아니라 그를 기술한다고 가정되는 네트워크상의 언술에 의해서만 확인된다. 조엘 드로즈네(Joel de Rosnay)의 개념을 다시 차용해본다면, '이 때문에 수량으로 표시할 수 있고 비례적이며 일반화할 수 있는 변화에 대한 교육만을 받아온 정치가들, 정부 고위관

료들이 멀티 차원의 팽창이나 급격히 가속화된 새로운 변화에 직면해 혼란에 빠지게 되는 것이다.'[1]

　인터넷이란 현상은 우리에게 다음과 같은 모순을 안겨준다. 즉 담론과 열망의 폭발적인 발달과, 발화자 및 행위자 주체의 점차적 소멸이나 불확실성이란 문화, 이 양자 사이의 분절이란 모순 말이다. 그리하여 인터넷이란 현상은 그것의 기능을 보장해야 할 책임을 지고 있는 기술자가 아니라 인터넷을 잘 알고 싶어하고 그 방향으로 나아가고 싶어하는 이에게 심연(深淵)과 같은 것이 된다.

　정치사회학적 분석 용어를 써서 말하자면, 인터넷에 접근함으로써 전체적으로 두 가지 아주 독특한 특성이 도출될 수 있다. 우선 인터넷에서 전개되는 통신 활동은 모든 '합의'에의 열망과는 아주 분명하게 구분이 된다. 여기서는 '함께 살기'의 이상에다가, 일종의 '의견 차이의 원칙'을 심사숙고 끝에 적용시키고 있음을 볼 수 있다. 이때 '의견 차이의 원칙'은 개인간의 합의보다는 언어간의 불일치를 강화시킨다. 토론 그룹에서 대개 만연하고 있는 논쟁적 무질서와 불일치에 대해 언급하면서 어바인 캘리포니아대학 (L'Université de Californie à Irvine)의 마크 포스터(Mark

---

1) 「정보 처리 혁명」, ≪르 몽드 디플로마티크≫, 별호, 『인터넷, 황홀과 공포』, 1996년 10월호, p.32.

Poster)는 1995년부터 네트워크가 '무한히 다양한 관점들'
에 의해 특징지워지는 '새로운 형태의 분산된 대화'2)를 창
조해냈다고 힘주어 말했다. 그런데 담론을 발화하는 개인
들의 상대적 익명성에 의해 강조된 담론의 이 같은 '다형
적' 현실은 진정한 도발이라 할 수 있다. 이는 정치적 또는
사회적으로 당파적인 활동을 행사하기가 더 용이해졌다는
의미에서가 아니라, 고유한 의미에서의 정치적 성찰 영역
및 인식론과 의미론의 영역, 그리고 전체적인 담론 분석의
영역에서 새로운 사변적 관건들이 밝혀진다는 의미에서 그
러하다.

　왜냐하면 거기에는 더 이상 담론의 질서라는 것이 없기
때문이다. 게다가 통신 활동의 '해체'라는 가설 자체가 모
든 이론적 정당성을 상실하게 된다. 우리는 인터넷을 잠재
적 현실, 예를 들어 새로운 권력 현실의 기표 증상 같은 것
으로 이해할 수 있는데, 그러면 우리는 여기서 오래 전부터
있어 왔던 중우 정치, '하층민의 정부'에 대한 반대를 다시
나타나도록 하는 게 아닌가 하는 생각이 들 수도 있을 것
이다. 그런데 인터넷을 이런 식으로 이해하게 되면 통신 활

---

2)「공공 영역으로서의 네트워크?(The Net as public Sphere?)」, ≪와이
　어드(*Wired*)≫ 3호(11), 1995. 11. 이 논문은 전자문서 형태로도 존재
　한다(http://www.wired.com/wired/3.11/departments/poster.if.html).

동의 해체란 것은 아무 의미 없는 것이 된다. 왜냐하면 통신주체들의 존재 양식, 그리고 이 주체들이 자기네 담화의 얽힘 속에서 만들어내는 현실이 우연적으로가 아니라 본질적으로 파악할 수 없는 것이며 유동적이고 꾸며낸 것이기 때문에, 즉 사실상 결국 '날라가는' 것이기 때문이다. 네트워크상의 말은 일종의 권력을 예고하는데, 이 권력은 모든 권력의 소멸에 다다르지는 못하지만 어쨌든 그 같은 소멸을 지향한다. 또한 네트워크상의 말이 예시하는 바는 무언가를 의미하려는 의도인데, 이러한 의도는 모든 담론의 보편적 소멸 속에서 사라지게 될 것이다.

여기서 비롯되는 것이 인터넷이라는 현상의 다음과 같은 두번째 특징이다. 이는 인터넷에 주관성, 더불어 시민 주체라는 개념의 '약화' 같은 것이 함축되어 있다는 것이다. 개인의 말이 불확정의 대중, 그것도 '반응을 보이고' '현존'하는 대중에게 넘겨지면, 상호 담론성이 유동적으로 얽힌 가운데 길을 잃고 헤맬 운명에 처하게 된다는 것이다. 이로써 개인의 말은 더 이상 개인들에게 그들의 시민적 혹은 도덕적 존엄성을 확고하게 해주는 것이 아니라, 그와는 반대로 그들의 유동성이나 기화성을 부각시키는 책임을 떠맡게 된다. 바로 이 때문에 우리가 인터넷에 대한 주체의 관계를 '사생활'이나 그것의 보호 조건 같은 제한적 용어들로 생각하는 경향에 빠져들게 되는 것이다. 사실 뭔지 모를 아이러니에 의해, 행정적 간섭주의와 다양한 형태의 자유주의의 대립으로 요약되는 전체 네트워크 커뮤니티의 관건은, 상대적으로 편협한 주체의 형상 안에 갇혀 있어야 하는 것처럼 보인다. 이때 주체는 때로는 가상적으로 난공불락(難攻不落)의 요새 같은 것으로 가정되기도 하고, 또 때로는 극도로 허약해서 우호적인 제도권의 보호하에 놓여져야 할 존재 같은 것으로 가정되기도 한다. 왜냐하면 상식에 대한 정치·사회적 명제들에서는 인터넷 경험의 '위험성'이 강조되면서 우리가 종국적으로 함구하고 물러섬으로써 얻은 지적·도덕적 평온과 안전 외의 다른 관심을 가져서는 안된다고 생각하게끔 되기 때문이다. 이 명제들에서 의도하는 바는 우리에게 다음과 같은 사실을 믿게 만들려는 것이다. 즉 인터넷의 진실이, 이전에 뱅자맹 콩스탕(Benjamin Constant)이 새로운 정치적 자유의 핵심으로 삼았던 '개인적 독립의 평화로운 향유'에 있다는 것, 그리고 '개인적', '가족적' 가치들이 틀림없이 무한히 보존될 수 있으리라는 것이다. 단 고맙게도 공권력이 그 가치들을 지원하는 노력을 한다는 조건 하에서 말이다.

우리가 인터넷에 정통해지기 위해 가지고 있는 개념적인 도식들은 그 개념들 자체의 한계를 명확히 드러낸다. 분명한 것은 '사이버 공간'이 인간 공동체를 전자적으로 대치한 것이 아니라는 것이다. 거기서는 어떤 지속적인 소속 관계도 발생하지 않으며, 반복되는 네트워크의 경험을 통해 우리가 '사이버 시민'으로 변화되지도 않는다. 네트워크를 통해 정보나 의견들을 교환할 수 있는 기회가 열림으로써 이것이 '실제' 사회 정치 질서에 확실한 결과를 가져오게 되긴 하지만 말이다. 어쨌든 분명한 사실은 미국 네티즌들이 통신예절법령을 공격하기 위해, 아니면 보다 범속하게는 넷스케이프 커뮤니케이션즈나 마이크로소프트 사 같이 사방으로 뻗어나가는 기업들에게 현재 일반 대중들이 사용할 수 있는 정보처리 플랫폼3) 전체에 공통된 정보처리 표준 규격을 정의해야 할 필요성을 받아들이도록 하기 위해* 결집되었다는 것이다. 그러나 더욱 명확히 말하자면 그것은 미국의 네티즌들이었을 뿐이다. 그리고 행동주의는 많은 현상들 중에 있는 하나의 국가적 현상일 뿐이다.

"디지털 혁명의 사회적 결과에 대해 성찰해 보면 거의 모든 것을, 그리고 그 반대를 이야기할 수 있게 된다. 즉, 엄청난 진보나 통탄할 만한 후퇴, 민주적 개인의 수락이나 시민 의식의 소외, 강력한 과학 향상의 도구나 거대한 절제

---

3) 정보를 처리할 수 있는 기반 기기. 일반적으로 컴퓨터를 지칭한다 (옮긴이).

수술 기계." 이 같은 도미니크 노라(Dominique Nora)의 발언4)은 인터넷이라는 현상 전체, 그 행위자들의 증발성, 그리고 인터넷에 의해 좌우되는 존재와 부재 유희로 인해 우리가 직면하게 되는 불확실성을 간결하게 보여준다. 네트워크상에 존재하는 어떤 한 인간이나 기업, 심지어 어떤 기관의 표지, 영상, 자국들은 그것에 얼마간 자의적으로 어떤 이름을 붙인 결과로 생겨난 것이 아니다. 또한 각개의 활동 유형에 따라 이 인간, 기업, 기관이 결부되는 정보처리 분야인 어떤 '영역'에 소속된 결과로 생겨난 것도 아니다. 그와는 반대로 그것들의 존재와 파장은 그것들의 다형적이며 텍스트와 그래픽으로 된, 게다가 멀티미디어적인 담론을 발화할 수 있는 능력에 의해 결정되는데, 이러한 담론은 누군가가 다시 찾거나 아니면 거기서 더 나아가 모방을 하고 다시 쓰게 될 것이다. 인터넷 행위자들은, 그들의 구조 변동 행위가 야기시킨 응답들을 통해 갖는 힘 이외에는 결코 어떤 힘도 지니고 있지 않다. 역설적이게도 이것이 좀 낡은 것이 되어버린 어떤 개념에 새로운 차원을 부여하게 되는데, 이 개념에 따르면 '메시지를 만드는 것은 매체'라는 것이다. 이는 어떤 경구의 수준을 넘어서서 다음과 같은 자명

---

4) 도미니크 노라(Dominique Nora), 『사이버 세계의 정복자들(*Les conqu érants du cybermonde*)』, Paris: Calmann-Lévy, 1995, p.362.

한 사실을 말해 준다. 즉 네트워크의 자원을 자기 것으로 만들고 그것을 발전시킬 수 있는 능력은, 그러한 자원이 지적이건 미학적이건 아니면 상업적이건 간에, 유일하게 '사이버 공간'에서 존재할 수 있는 방식을 보장해준다는 사실 말이다. 이때 이 사이버 공간의 내용은 상당히 보편적인 방식으로 접근할 수 있는 것이며, 생산자가 아니라 수신자들이 전적으로 자기들 뜻대로 할 수 있는 것이다.

문자 그대로의 상황은 '끔찍해'보일 수도 있다. 인터넷은 너무도 요란스럽고 광대해서 그 반향이 우리에게 감지되지 않을 수도 있고, 인성, 주관성이나 아니면 심지어 도덕성이나 이익 같은 '잘 알려진' 범주에 따라 인터넷 안에서 우리를 구축하도록 해주기보다는 우리가 갈피를 잡을 수 없게 하는 것이다. 이로부터 우리는 최소한 두 가지 결론을 내릴 수가 있다. 첫번째로는—독자는 우리를 용서해줄 것이다—정치적·경제적·사회적 관점에서 인터넷에 접근하는 것이 진정으로 가장 흥미로운 일인지 확실하지가 않다는 것이다. 다음과 같은 사실을 지적하는 것은 아마도 무용한 일이 아닐 것이다. 즉 어떤 '사이버 공동체'의 이상 덕분에 유지될 수 있었던 푸리에(Fourrier)[5]식 공동생활 단

5) 프랑스의 공상적 사회주의자(1772~1837). 자본주의적 상업을 사회악의 근원이라 생각하고 생산자 협동조합을 중심으로 한 공동생산,

체의 꿈에 몇 가지 유보 조건이 붙는다는 사실을 말이다. 왜냐하면 인터넷에 세계 이외에는 다른 국경이 없는 이때에 스스로를 인터넷 시민이라고 말하는 것은, 얼마간은 도시도 소속도 없는 시민성을, 결국 시민성 없는 시민성을 주장하는 것이기 때문이다. 그러나 인터넷 정치 사상이 상대적으로 실패했다고 해서 인터넷에서 '공공 정책'을 결정할 수 없는 것도 아니고, 인간 세계 및 그것에 고유한 요구들의 시각에 비추어 인터넷의 용법을 정하려는 시도를 할 수 없는 것도 아니다. 단지 어린애 같은 두려움이나 경련, 그리고 다른 시대의 검열이 아닌 회의주의적 열정이 인터넷의 지도 원리가 될 수 있음을 확실히 하고 싶은 것이다. 사실 새로운 형태의 번영이 수반되는 경제적·사회적 삶이 가능하다. 만일 윤리적이거나 정치적인 것이 아닌 단지 기술적이기만 한 어려움들이 해결된다면 말이다. 이때의 어려움은 데이터의 약호화, 네트워크의 안정화와 관련된, 요컨대 네트워크 전체를 관리하는 전산 체계의 '실현 가능성'과 관련된 어려움을 말한다. 인터넷의 정치·사회적 문제는 단지 기술적인 것일 뿐이며 기술자들에게 맡겨져야 하는 것이다. 단 기술자들이 기술상의 구속을 원칙의 반열에 올려

공동분배를 통한 이상적 공동체의 실현을 주장하였다(옮긴이).

놓지 않으며, 관리 지식을 풍속에 관한 형이상학의 근거로 바꿔놓지 않는다는 조건하에서 말이다. 이는 또한 다음과 같은 사실들을 다른 방식으로 말하는 것이기도 하다. 즉 주의 경계가 시민의 첫번째 덕목이라는 것, 정책들을 재검토하고 유능한 자들의 복종이나 무능한 자들의 사임을 단호히 요구하는 것이 중요하다는 것을 말이다.

그러나 인터넷의 진정한 관심은 분명 다른 데 있는데, 이것이 두번째 논점이 된다. 왜냐하면 네트워크가 자유의 양식으로서만, 즉 네트워크의 본질적 구성요소인 인간들과 그들의 담론이 상호적이고 근본적으로 양도 불가능하다는 양식으로서만 진정으로 존재할 수 있기 때문이다. 데이터들, 다시 말해 근본적으로 정신에 의해 만들어진 성과들을 디지털화하는 것은 그로 인해 필연적으로 제기되는 지적 소유권의 문제들로 제한을 받지 않는다. 이 지적 소유권의 문제는 국제적 협력과 법률상의 기술로써 극복이 될 것이다. 우리가 이룬 성과들, 그리고 그것을 통해 우리 자신은 인터넷상에서 '이타적'인 양식으로 존재한다. 우리는 인터넷상에서 우리가 하는 바대로 되며, 거기서 이루어지는 모든 것이 우리에게 기회를 부여해 주는 그런 일을 한다. 인터넷은 타인의 세계에 대한 우리 자신의 소외를 역동적으로 보여주는데, 여기서 소외는 구속을 나타내는 것이 아니라 말과 의미와, 결국 창조의 가장 뛰어난 영역에서 우리 자신을 실현하는 도구를 나타내는 것이다.

이 때문에 기술적 문제를 담당하는 결정 기관들이 국지적이 되고, 특히 사람들을 예속화시키기보다는 그들에게 봉사하도록 되어 있는 행정권에 대해 우리가 지적 혹은 정치적 자유를 획득한다는 조건하에서만 우리는 진정 새로운 방식으로 '말하는 것이 의미하는 바'를 배울 수 있게 되는 것이다. 그리고 이는 발언을 하고 난 다음, 자유로운 세력이 그것에 대해 말하도록 예측불허의 상태로 맡겨버리는 것이다. 이는 아마도 다른 세계를 꿈꾸는 것이며 분명 다른 지혜를 예견하는 것이다.

역자 후기

국내 대표적인 포털 사이트를 통해 오가는 전자우편 하루에 3,775만여 통, 국내 최대의 인터넷 시장이라 할 수 있을 인터넷 경매 사이트의 하루 방문자 평균 48만 명(남대문 시장의 하루 방문자 최대 45만 명), 수많은 인터넷 커뮤니티……. 공간의 제약을 받지 않고 전세계를 실시간 네트워크로 연결시켜주는 디지털 기술 덕분으로 이제 인터넷과 컴퓨터가 만들어내는 가상의 세계는 우리 삶에서 빼놓을 수 없는 부분이 되었다. 컴퓨터를 켜서 자신에게 온 전자우편을 확인하고 그날의 뉴스와 증권 시황 등을 살펴보는 것으로 하루 일과를 시작하는 사람들이 점점 늘어나고 있다. 신문보다는 인터넷 뉴스를 보고, 선거에서 후보자에 대한 정보를 얻기 위해 유세장에 가기보다는 선거 관련 사이트들을 찾아보며, 물건을 사기 위해 상점들을 돌아다니기보다는 인터넷 사이트들을 뒤지고, 심지어 초등학생들조차도 숙제를 하기 위해 종이로 된 국어사전이나 백과사전을 찾기보다는 인터넷 검색을 이용하는 것이 보다 보편적인 삶의 방식이 되어 가고 있는 것이다.

인터넷상에서 하루가 다르게 그 숫자가 늘어나고 있는 커뮤니티들의 경우, 그것은 어떤 이해 관계에서 비롯된 것이기보다는 동일한 기호와 관심을 가진 주체들이 서로 간에 정보들을 공유함으로써 동일한 가치를 공유하고 더 나아가 '함께 살기'의 이상을 실현하는 공동체들로 보아야 할 것이다. 인터넷이 본질적으로 자유의 공간이고 이 커뮤니티들이 자발적인 것이기 때문에 여기서는 통신 환경 자체에서 비롯된 규제, '네티켓' 이외에 외부로부터 주어지는 어떤 규범성도 거부한다. 그러나 우후죽순 격으로 생겨나는 인터넷 사이트, 커뮤니티 중에 섹스, 자살, 폭탄 제조와 관련된 사이트들의 경우에서 볼 수 있듯, 그것이 사회에 어떤 해악을 끼칠 수 있는 가능성이 드러나면서 국가 권력이 인터넷에 외부적인 규제를 가하려는 움직임을 보이게 된다. 지금 우리나라에서 논란의 대상이 되고 있는 '정보통신 윤리 위원회'와 '인터넷 내용등급제'가 바로 그 경우이다. 청소년 보호라는 명분을 내세워 입법화를 추진하는 정부에 대해 인터넷 국가 검열 반대를 위한 공동 대책 위원회에서는 사업자와 이용자 주도의 자율 규제 시스템을 제안하고 있다. 그러나 정보통신 윤리 위원회의 경우는 '나이와 경력으로 볼 때 대부분 인터넷의 특성과 비전을 경험하지 못한 위원들로 구성되고 과도한 규제 권한을 반복해 가지고 있는' 위원회의 폐지를 강력히 주장하고 있는 것이다. 이 책은 바로 이 같은 갈등, 인터넷 사용자들의 절대 자유주의적 이상과 권력의 규제적 법안 사이의 갈등에 내포된 복잡한 의도들을 풀어내려는 시도라 할 수 있다.

어찌 보면 단순하고 당연한 현상들에 대한 사변적인 성찰과 지나치게 숨이 긴 문장들로 인해 번역 작업이 순탄하지만은 않았다. 더구나 4년여 전에 했던 번역을 다시 보고 고치다 보니 하루가 다르게 변하는 정보통신 분야에서 지금의 현실과 어긋나는 서술도 군데군데 눈에 띄었다. 하지만 문장들을 곱씹어 가며 다시 읽어가는 중에 인터넷과 관련된 정치, 경제, 문화 현상들 속에 복잡하게 얽혀 있는 미묘한 의미들의 실타래를 풀어가는 재미 또한 맛볼 수 있었다. 묻혀 있던 원고를 잊지 않고 다시 꺼내 세상 빛을 보게 해준 한울 출판사, 되풀이되는 교정 작업을 꼼꼼히 해주신 편집부 여러분께 감사한다.

2002년 6월

신은영, 박영환

　　본고에서 제시된 수많은 참고자료는 인터넷에서 현재도 접속 가
능한 사이트를 지시한다. 참고자료에서 표시하는 정보들이 조금은
오랫동안 접속 가능한 상태로 남아 있기를 바라지만, 네트워크의
가변성 때문에 이 책을 읽는 순간에 그 주소들이 유효하다고 할
수는 없다.

　　그래서 경우에 따라서는 독자 스스로가 검색어(key-word)를 이
용하여 불행히도 여기서 지시된 사이트에 더 이상 존재하지 않을
수도 있는 자료들을 찾아보라고 권유하고 있는 것이다.

24쪽(주) : '네티켓'에 대해서는 <http://aghelab.uark.edu./mis/Netti
quette.html>나 불어로 된 <http://www2.sympatico.ca/Aidez/
Decouvrir/aide31.html>을 참조하라. 공식적인 네티켓 규범
의 요약문도 있는데 그것은 <http://www.sri.ucl.ac.be/SRI/
rfc1855.fr.html>에 있다(불어판).

43쪽 : 전자 프론티어 재단은 인터넷 사용자의 이익을 옹호하는 기
관이다. 실제적인 '사용자'로서가 아니라 이후로 논쟁과 정
치활동의 도구를 갖게 될 시민으로서의 이익을 말이다.
<http://www.eff.org> 참조.

54쪽 : 대단히 많은 수의 헌법개정론자나 인종차별주의자 사이트들
의 목록이 Hatewatch라는 기구에 의해 작성되어 미국 하버
드대학의 서버에 들어 있는데 그 주소는 다음과 같다.
<http://hatewatch.org/>

61쪽 : 1996년 8월에 전자 프론티어 포럼에서 있었던 직접민주주의에 관한 논쟁의 전체내용은 다음 주소에서 찾을 수 있다. <http://www.hotwired.com/talk/club/special/transcripts/96-08-29-davis.html>

62쪽 : UNIX 운영체제는 케네스 톰슨(Kenneth Thompson)과 데니스 리치(Dennis Ritchie)에 의해서 1969년에 AT&T와 Bell에서 개발되었고 인터넷 서버상에서 가장 흔히 사용되고 있는데, 이 운영체제에 관한 정보는 다음 주소에서 찾을 수 있다. <http://www.teleport.com/support/unixhelp/concepts/history.html>

73쪽 : '가상도시'에 대해서는 다음의 주소들을 찾아볼 수 있다. <http://www.geocities.com>과 <http://www.talkcity.com>

75쪽 : 국제 네트워크 정보 센터(InterNIC: Inter Network Information Center)의 지위와 목표에 관해서는 다음 주소를 보라. <http://ds.internic.net/ds/about.html>

81쪽 : 진보와 자유 재단(Progress and Freedom Foundation)의 과제 규정서 노트는 다음 주소에 있다. <http://www.pff.org/pff/miss.html> 뉴트 깅그리치(Newt Gingrich)의 연설문은 다음 주소에 있다. <http://www.pff.org/pff/pff6.html>

84쪽 : 인터넷상에서 접속 가능한 여러 종류의 자료 보관소들이 있다. 프랑스 국립 도서관(<telnet://opale02.bnf.fr/>과

<telnet://opaline02.bnf.fr/>)은 무료로 참조할 수 있지만 ≪르몽드≫(<http://www.lemonde.fr/>)를 온라인상으로 찾아보는 것은 유료이다. 그리고 국립과학연구센터(CNRS)에 의해서 만들어진 프랑스어 보전(Trésor de la langue francaise)이라는 자료 보관소(<http://www.ciril.fr/mastina/FRANTEXT)에 접속하기 위해서는 구독료를 내야 한다.

86쪽 : 1997년 6월에 클링턴 대통령과 엘 고어 부통령에 의해서 제안된 '국제 전자상거래의 기본틀'은 다음 주소에서 찾아볼 수 있다.: <http://www.iitf.nist.gov/eleccomm/ecomm.htm>

89~90쪽 : 파트리스 마르탱-랄랑드(Patrice Martin-Lalande)의 보고서는 다음 주소에서 참조하거나 내려받을 수 있다.
<http://www.telecom.gouv.fr/francais/activ/techno/rapportpm
100.html>

90쪽 : 방쥬만(Bangemann) 리포트는 영어로는 <http://www2.echo.lu/eudocs/en/bangemann.html>에서, 독어로는 <http://www.iid.de/rat/weiteres/bangemann/index.html>에서 볼 수 있다.

105쪽 : 국제결제은행은 스위스의 바젤에 있다. 1996년 10월에 만들어진 '전자화폐개발 중앙은행을 위한 내용'이라는 제목의 보고서는 <http://www.bis.org/publ/bisp01.pdf>에서 볼 수 있다. 그보다 나중에 작성된(1997년 4월) 그리고 보다 완벽한 '전자화폐'라는 제목의 두번째 BIS 보고서는 <http://www.bis.org/publ/gten01.pdf>에 있다.

105~106쪽 : 전자화폐와 함께 현재 고려되고 있는 여러 가지 기

술적인 가능성에 대해서는, 지불카드 및 지불카드 판독기가
설비된 전화기를 제안한 몬덱스(Mondex)라는 영국회사를
참조하라(<http://www.mondex.com>). 다른 한편으로는 전
자화폐를 소프트웨어적으로 정의하고 전자 '지갑'을 마련해
가는 방법을 찾는 분야에 뛰어든 여러 회사 중의 하나인
사이버캐쉬(Cybercash) 사(<http://www.CyberCash.com/>)나,
아니면 ecash라는 통화를 소유하고 있는 디지캐쉬(DigiCash)
사(<http://www.digichsh.com/ecash/ecashhome.html>)를 참조
하라.

115쪽 : 데이비드 쇼(David Shaw)와 파사이트(Farsight)에 대해서는
<http://www.farsight.com/>를 보라. 그리고 ≪와이어드
(Wired)≫ 1997년 1월호에 실린 설립자에 관한 기사를 보라
(<http://www.wired.com/>에서도 온라인으로 참조할 수 있
다).

123쪽 : 연방 최고 재판소의 판결문은 <http://www2.epic.org/cda/cda_
decision.html>이나 <http://www.ciec.org/SC_appeal/decisions. html>에
서 볼 수 있다.

127쪽 : 피에르 프라디에(Pierre Pradier)의 1997년 3월 20일자 보고서는
<http://www.europarl.eu.int/dgl/a4/fr/a4-97/a4-0098.html>에서
참조하거나 내려받을 수 있다.

127쪽 : 앙트완느 보상(Antoine Beaussant)의 책임 아래 완성된 인터넷 헌장
(Charte de l'Internet)은 1997년 3월 5일 장관에게 제출되었다. 이것
은 <http://www.planet.net/code-internet/CHART. HTML>에서 볼
수 있다.

133쪽 : 인터넷사용자협회(AUI)가 정의한 '인터넷을 통한 통신의
자율 규제 규정'은 <http://www.aui.fr/Dossiers/Commission-
Beaussant/aui-cb-161296.html>에서 참조할 수 있다.

169쪽 : 기술 공동체적인 이 일에 대해서는 한 미국 작가의 웹 페
이지를 보라. 그 주소는 다음과 같다. <http://www4.zdnet.
com/anchordesk/mad/>

참고문헌

BAUCHE Gills. 1996, *Tout savoir sur internet*, Paris: Arléa.

BOYER Marie-Christine. 1995, *Cybercities*, New York: Princeton Architectural Press.

BROCKMAN John. 1997, Digerati, San Francisco: Hardwired.

GILSTER Paul. 1997, *Digital literacy*, New York: John Wiley & Sons.

HUITMA Christian. 1996, *Et Dieu créa l'internet*, Paris: Eyrolles.

ITEANU Olivier. 1996, *Internet et le droit*, Paris: Eyrolles.

LEVY Pierre. 1994, *L'intelligence collective*, Paris: Dcouverte.

SCHEER Léo. 1994, *La démocratie virtuelle*, Paris: Flammarion.

SHENK David. 1997, *Data smog*, San Francisco: Harper and Collins.

numéro hors série, 1996. 10., "Internet, l'extase et l'effroi," ≪*Le Monde diplomatique*≫.

1997. 5. 10., "A Servey of Electronic Commerce," ≪*The Economist*≫.

1993-..., ≪*Wired magazine*≫, San Francisco.

폴 마티아스(Paul Mathias)

고등사범학교 출신의 교수자격 소지자로 현재 파리 앙리 4세 고교
(lycée Henri IV)의 문학 상급반 철학 교사이자 파리 정치학 연구
소 조교수. 이 연구소에서는 교육과 연구에 있어서의 신기술에 관
한 연구 그룹에 참여하고 있으며 윌름 가(Rue d'Ulm)의 '인터넷 연
구회'에도 참여하고 있다.

신은영

서울대학교 불문학과 졸업
서울대학교 대학원 불문학과 졸업
프랑스 소르본 대학 문학박사
현재 서울대학교 및 덕성여대 강사
EBS 라디오 프랑스어 회화 강사
저서 : 『EBS 라디오 프랑스어 회화』, 『라신을 어떻게 읽을 것인가』
　　　(공저)
역서 : 『성의 역사』(제2권, 미셸 푸코 저, 공역), 『노동, 교환, 기술』
　　　(베아트리스 데코사 저)

박영환

서울대학교 수학과 졸업
한국 IBM 근무
포항공과대학 대학원 전산학과 졸업
프랑스 콩피엔 공과대학 공학박사
현재 한성대학교 컴퓨터 공학부 교수
저서 : 『논리회로 실험』(공저)

한울 - 시앙스포 총서 9
인터넷 도시

ⓒ 도서출판 한울, 2002

지은이 | 폴 마티아스
옮긴이 | 신은영, 박영환
펴낸이 | 김종수
펴낸곳 | 도서출판 한울

편집책임 | 고경대
편집 | 김선재

초판 1쇄 인쇄 | 2002년 6월 20일
초판 1쇄 발행 | 2002년 6월 30일

주소 | 121-801 서울시 마포구 공덕1동 105-90 서울빌딩 3층
전화 | 영업 326-0095(대표), 편집 336-6183(대표)
팩스 | 333-7543
전자우편 | newhanul@nuri.net
등록 | 1980년 3월 13일, 제14-19호

Printed in Korea.
ISBN 89-460-2989-7   94300
ISBN 89-460-0105-4 (세트)

* 가격은 겉표지에 표시되어 있습니다.